上海非凡文化艺术有限公司编

收藏指南

周慧珺题

竹木雕刻

汤兆基著

学林出版社

序

“收藏指南丛书”由各方专家合力编纂而成，凡十卷。

丛书集陶瓷、紫砂、家具、竹、木、铜、玉、珠宝、中外钱币、碑帖、书法、绘画、文房四宝、印玺与杂项，用一事一议形式，逐一扼要说明；用比较方法，摄取其全豹及细部形象，允称文图并茂；将宫廷珍藏及民间文玩，同等齐观。

丛书由吾友朱裕平主编。朱君热爱祖国，喜收藏并研究我国文物，多有著述。观“指南”各卷，作者均将个人数十年之研得贡献读者，使丛书成为文化普及的可贵读物。

余喜这部丛书囊括我国金石、器物之学，非同雕虫小技之书。昔《中华二千年史》作者吾师邓之诚先生既撰全史，也写了《骨董琐记》，非无为也。

是为序。

九十三叟傅振伦

序于北京安定门内 蓟台西畔

一九九八年八月

【收藏指南】

● 目录 ●

目录

1 最远古的史前木雕鱼

如今，我们所见到的史前雕刻品虽然并不少，如形形色色的各类玉器等，但竹木雕刻品却难以见到。现在能见到最早的史前原始木雕是河姆渡出土的木鱼，已真不容易。

这件原始鱼形木雕，是1977至1978年间在浙江河姆渡出土的，距今已有7000年。此件木雕鱼，长11厘米、宽3.5厘米、厚2.7厘米。形象生动，周身阴刻大小不等的圆窝纹。

木料易于腐蚀，远古时代的木质材料的雕刻品难以保存下来。但当时雕刻水平，我们是可以与鱼形木雕一起出土的原始雕刻作为参照物，获得有关的信息，了解当时的雕刻水平。

余姚河姆渡出土有“双鸟朝阳牙雕”和“鸟形牙雕”两件原始雕刻。双鸟朝阳纹牙雕，长6.6厘米，宽5.9厘米。正面有阴刻图案，中心为一同心圆，外圆刻有光芒，形似太阳。两侧刻有昂首对称双鸟。牙雕四周刻有六个小孔，上四下二。

鸟形牙雕，长5.8厘米，宽3.4厘米，厚0.8厘米。形似牙匕。正面微凸，刻有弦纹和斜线纹相间的图案。牙器的一端作鸟头状，喙弯曲，另一端作长尾形，中间饰有翅膀纹。

考察上述几件原始雕刻，不难体会到远古时代的木雕工艺已具有相当高的水准。

史前 鱼形木雕

汉代 木雕 六博俑

2 秦汉木雕妙在传神

在作为观赏的古代木雕很难保存下来情况下，我们主要是从古墓出土的作为陪葬用的冥器中见到，其中甘肃武威出土的汉代木雕为数最多。

1956年，在甘肃武威磨嘴子地区发掘了几座汉代古墓，墓中出土了近百件木雕作品。

人物俑中博奕俑的艺术性最为突出。下棋，秦汉时又称六博。这件博奕俑，高28.5厘米，为两叟跪坐对奕，形象十分生动：一人右手按膝，左举起，示意对方下子；一人左手下垂，右手正持棋落下，大拇指和食指握子，其他三指直展，优美的姿态中显示了他对获胜的自信。

木雕中除了人俑之外，还有大量的马、牛、狗、猪、鸡等动物。这些动物木雕，造型形象夸张，特征鲜明，刀法简练，形神兼备，充分体现木制工艺品的特色。

武威出土的木制品中还有与日用相结合的木雕工艺品，如鸠杖。鸠杖，手柄雕作鸠形。鸠，食不噎，象征老人健康长寿。《汉书》有关礼仪中谈到：“仲秋之月，县道皆案户比民。年始七十者，授之以玉杖，铺之糜粥。八十、九十，礼有加赐。玉杖，长九尺，端以鸠鸟为饰。鸠者，不噎之鸟也，欲老人不噎。”这件木雕作品，反映了古代尊老的风俗。

汉代 木雕 猴

汉代 木雕 乐俑

战国 彩绘木俑

3 隋唐木雕趋于写实

唐代时，竹木雕刻工艺已经相当精湛，其中，扬州地区的木雕更是管令春风。《太平广记》引《广陵妖乱志》谈到，扬州艺人“刻木为雀，大如小驷，鞲辔中设机捩，人或逼之，奋然飞动”。

另据载：天宝十二年（公元753）鉴真从扬州赴日本，曾携带“雕白栴 檀千手佛像一躯”。五代墓中还出土贴金木雕板，上有浮雕龙凤纹、蕙草云纹及缠枝牡丹。唐代木雕注重写实，即使是佛像的塑造也都体现了世俗化。大型的木雕头像“迦叶”，便是以准确的写实形貌表现他那神情端庄、亲切慈悲的容貌。

1982年在东山出土的五代武士木俑具比例适度、刀法简洁的特点，作为陪葬品，其工艺较汉代有了极大的进步。

唐代竹刻人物花鸟八尺，开明清竹刻的先河，表明精细的竹木雕刻已趋成熟。

唐代疆域辽阔，东及大海，南及南海诸岛，与亚洲各国之间经济文化交往密切，热带地区的红木类的坚硬优质木材也源源不断地运至内地。硬质木材的普遍应用，促进了木雕技法的提高。这为后世竹木雕刻艺术的举世辉煌奠定了物质的和工艺的基础。

（范珮玲提供）

五代 武士木俑

唐代 木雕 迦叶

4 宋元木雕体现民族特色

宋元是我国封建社会由盛转衰的过渡时期。两宋政权是我国历史上一个重文抑武的朝代。宋徽宗为首的统治者提倡的写实画风，也影响到竹木雕刻。宋元时期的木雕，主要还是为佛教造像，作品多创意，注重表现现实生活中的人物原型，故能很好地体现世俗的形体美。

同时，辽金时期的造像，富有民族特色。与两宋对峙的契丹（辽）、女真（金）等北方少数民族和统一中国建立元代的蒙古族，则以豪放强悍的民族性格影响着竹木雕。金代加彩木雕观世音菩萨坐像，体现了比例的适度，体态的生动，健壮俊强。这些特点正是这一特定历史的反映。

元代 木雕 老君

金代 加彩木雕 观世音菩萨像

金代 加彩木雕 观世音菩萨像

5 明清木雕工艺精湛

明清时期，是我国竹木雕刻工艺高度发展的历史阶段。

根据木材的品种、质地、色泽的不同，加工工艺也各异。高度的工艺技巧与高度的艺术的结合，不仅创造出无数精美绝伦的艺术品，同时也逐步形成了木雕工艺的分类，白木雕、红木雕、黄杨木雕、金漆木雕等等。

明清两代竹刻更是有突飞猛进的发展，嘉定（今属上海）、金陵（今即南京）为当时竹刻艺术的中心，人材辈出，风格各具。同时，安徽竹刻也具特色。

明代也是匏器突破性发展的时期。明谢肇淛《五杂组》记载："余于市场戏剧中见葫芦多为方者，又有突起成字为一首诗者，盖生时板夹使然，不足异也。"到清代康、乾期间，匏器工艺更为精绝。清沈初《西清笔记》载："葫芦器康熙间始为之，瓶、盘、杯、碗之属，无所不有，阳文花鸟、山水、题字极清朗，不假人力。其法于葫芦生后，造器模包其外，渐长渐满，遂成器形。"

明清两代的竹木雕，在艺术处理上也有所不同，明代艺术处理较为简洁，而清代的竹木雕刻技巧更趋熟练的同时，有的作品也产生了繁缛的倾向。

清 紫檀五屏风围子罗汉床

清 嵌银丝紫檀木觥

明代 木雕 韦驮

6 从寺庙宫殿走向民间的古代建筑木雕

建筑木雕，即装饰古代木结构建筑的基本方式，它是我国木雕艺术的重要体现。

古代建筑雕刻，最早大量应用于寺庙和宫殿。出于对宗教虔诚的崇拜，在建筑寺庙时投入最多的人力物力。唐代时寺庙建筑，气势已十分雄伟，如山西五台山的南禅寺（建于公元782年），是我国现存最早的木结构建筑，檐柱上用斗栱承托着深远翼出的屋檐；又如五台山佛光寺（建于公元857年），殿宽七间，进深四间，结构规模已相当恢宏。经过以后的一千多年的创造性的营造，建筑结构越来越复杂，旨在美化建筑的雕刻自然也极其精美的。

作为封建帝王居住、办事、行使权力和举行隆重典礼的故宫，是我国现存最大、最完整的建筑群，雕梁画栋，尤其表现天子之尊的龙的雕刻，更具高贵辉煌，体现无以伦比的高度水平和独特风格。

自明代起，民居的雕刻也逐渐兴旺发达起来。一些经济繁荣的地带，官僚、商贾及地主拥有较强的财力，他们虽然受到建筑规模上的许多限制，但在有限建筑内部却进行大规模的建筑雕刻。流风所及，一般富裕的百姓也竞相仿效，从此建筑雕刻逐步走向民间。

如今，现代建筑虽然不再需要用木雕给予结构的美化，但是人们却热衷于将肢解后的古代雕刻建筑的构件用作于家庭、宾馆的室内装潢。在现代建筑环境中，镶饰古代雕刻的构件，不仅是一种收藏行为，而且可改善环境氛围，增添了一份古雅静穆的清韵，化解时尚生活中的浮燥。

故宫大和殿的木雕

沈阳故宫的龙形门梁

棂格已成为现代装饰中的壁饰

7 东阳木雕甲天下

建筑木雕遍于全国，但最具盛名的是东阳木雕。

东阳木雕，又称白木雕，发源于浙江东阳。东阳木雕起源于唐代，经宋至明，逐渐成熟。明清时期，便进入全盛阶段。早期的东阳木雕与宗教、印刷密切相关。

明清时期，东阳木雕主要应用于建筑雕刻。如今见到的明代雕刻建筑有：卢宅肃雍堂、郭宅永贞堂、寿塔头村方姓新厅后的一、二院宅、吴宁镇吴姓旧花厅、后周肇庆堂等40余处。现能见到清代木雕建筑则有100多处，主要有霭瑞堂、务本堂、一经堂、政和堂、乐善堂等。

东阳木雕不仅在本地区盛行，而且遍迹全国各地。清代中叶，东阳和嵊县地区就有400余名木雕艺人到北京从事装饰雕刻。

东阳建筑木雕应用广泛，从构架结构的梁枋到块状结构的牛腿，从构成外廊空间的天花到檐廓和内室隔断的门窗，都作全形雕刻，形成繁花似锦、秩序井然的艺术空间，具有题材内容丰富、构思设计娴熟、雕刻技法精湛等特点，所以东阳木雕被公认为我国优秀的传统木雕。

明 门檐雕花板 麒麟送子

繁花似锦的民居木雕

8 构件复杂的建筑木雕

建筑构件复杂，以庭前支撑楼厢的构件而言，就是由牛腿、挑头、刊头和托头等几个构件组合而成，建筑木雕复杂繁叠。

牛腿，是用于挑檐支撑楼厢的承重构件。在这一组合建筑雕刻中，它是主体构件。同时，由牛腿正对门前，就成为建筑雕刻中最重要的部分，并最具艺术性。

挑头，是位于牛腿上方的方木雕件。它是牛腿的上方收头，其上再支承斗栱。挑檐厢或屋檐，是独立的平面高浮雕作品。

刊头，是挑头前的木雕建筑，并不起承重作用。但由于部位突出、显眼，所以都是十分精细的圆雕，具有小而精的特点。

大型的木雕建筑，为两层挑头结构，即在挑头上设有托头，托头的上面又有一层挑头和刊头。由于建筑结构是由上向下逐步收缩，最后落实在牛腿上，所以上一层的挑头要比下一层的宽长，刊头也较下层硕大。

块状构件的复杂组合

画面独立的挑头和圆雕刊头

9 牛腿从壶瓶嘴造型开始

明代雕刻，如今保存得最多的是建筑雕刻，仅东阳地区，明代建筑就有40余座。著名的代表雕刻建筑，主要有卢宅肃雍堂、郭宅永贞堂等建筑群。

与清代建筑雕刻相比较，明代早期的牛腿，结构是比较简单的，基本造型为壶瓶嘴式，上面仅雕刻几条简单而优美的曲线。之后，简单的曲线向复杂的线条演化，并配有花卉和虎禽。然后，逐步发展成为“S”型的图案造型的牛腿。于是，牛腿的雕刻就越来越复杂了，重叠的装饰布满了牛腿的每一个可视的部分。

简单的壶瓶嘴式牛腿

壶瓶嘴式的简单牛腿，不仅发展成为“S”型的图案牛腿，而且至明代末年，还出现了其他题材的雕刻牛腿。如建于公元1423-1459年的郭宅建筑群中，就有一对雕山水牛腿，一对雕狮子的牛腿。其风格已与清代相接近，作为从明向清的过渡阶段的作品，只是在刀法上没有清初的那么细腻罢了。

“S”形图案式牛腿

复杂的“S”形式图案牛腿

10 曲径通幽的山水牛腿

牛腿是建筑木雕中难度最大、费工最多、也是水准最高的作品。

清代的牛腿一改壶瓶嘴的式样，题材内容趋于多样化，人物、山水、动物等，都在牛腿上得到充分的表现。以山水风景为题材内容的牛腿，在有限的空间里，却表现得层层叠叠，视野空旷，不仅能体现景场的高度，而且还体现了深度。仔细观察不难发现，弧曲的壶瓶嘴的造型虽然不存在了，但其潜在的“S”型的曲线走势却依然隐隐约约地在山水风景中保存着，并充分地发挥了“曲径通幽”的美学法则。于是众多的人物、重叠的山石树木以及车辆马匹也都能按排得舒适妥帖。郭宅永贞堂场景牛腿雕刻，在艺术原理上已达到了难以超越的水准。

山水人物牛腿

山水牛腿

郭宅永贞堂 山水牛腿

11 意寓吉祥的动物牛腿

动物牛腿，也是清代牛腿的重要特色，常见的有鹿、狮、象、虎等动物雕刻。

这些动物都体现了吉祥的含义。

鹿，因“鹿”字与“禄”字同音同声。鹿与松柏组合，即为“百龄食禄”，鹿与蝙蝠组合，即为“福禄双全”。鹿，又是长寿的仙兽，古有“千年为苍鹿，又五百年为白鹿，又五百化为玄鹿”之说。

狮，也是常见的雕刻题材。雕刻狮子，一是为了祝福官运。常见的是表现大狮和小狮，题为“太狮少狮”。因为“大”字与“太”字是近音，“小”字与“少”字是近音，“狮”字又与“师”字同音。据周制，太师、太保、太傅为“三公”；少师、少傅、少保为低一级的“三孤”。太师、少师，为“公、孤”之首，于是大狮、小狮，即意官位最为显赫。二是狮子在古代，视为神兽。狮子原名称“狻猊”，是兽中之王，《穆天子传》有“狻猊日走百里”之说，故自古喻狮子为神兽。

象在雕刻中常与童子组合，如“童子骑象”。因“骑”字与“吉”字近音，“象”字与“祥”字近音，于是，“骑象”就成了“吉祥”。“吉祥”为祝颂之词，《易经》说“吉事有祥”。

动物牛腿

动物牛腿雕刻

动物牛腿雕刻

12 人物牛腿故事多

牛腿中人物雕刻也是人见人爱的。人物雕刻的牛腿都是结构丰满的圆雕，其布局巧妙，主体突出，经树木与山石的点缀，虚实相间，既灵活精巧，又不失起承重构件的作用。

人物雕刻妙在传神生动，或顾盼呼应，或英武开张，都因材料设计，随势经营。强烈的动感显示，为凝固静止的建筑，增添了无穷的动的生机和活力。

人物牛腿的雕刻题材，常见的有家喻户晓的《三国演义》、《白蛇传》、《红楼梦》中的人物故事和神话传说等。

人物牛腿也有与动物结合的，除了老寿星与鹿之处，还有束带高冠的人物抚鹿的造型。“冠”即“加官”之意，与鹿组合就构成“加官受禄”的寓意，也是为了求个吉祥。

人物牛腿

人物牛腿

13 拱形的梁枋木雕

梁枋本是指方形的横梁，但经过雕刻艺术的加工，却能改变原来的面貌。

木雕梁枋，不再是粗短笨拙的形态，而成为中间拱起的拱桥形曲梁。

梁枋的木雕，主要体现在两端的卷杀，处理成“鱼鳃纹”。鱼鳃纹，因其图案似鱼鳃故名。鱼鳃纹为复合型的弧形状雕刻，向两侧的下部延伸并与其下的梁垫相承呼接，有分有合，浑然一体。

梁垫，顾名思义是垫在梁下的雕件。其造型为扇型或类似扇形，处在承接梁枋，贴联立柱的位置上，起到构架的支点作用，并能在立柱与横梁之间的过渡中起到了缓冲的作用。梁垫的垫托，又有效地加强了梁枋的拱形取势，经过几番的巧妙的雕刻修饰，原有的粗大沉重的横梁就变得秀美灵巧多了。

梁枋中间，一般也雕刻凸出的装饰图案或凹入平面作浮雕人物故事，既能使三分之一的梁枋中间不再空余，又能牵联左右，使雕刻装饰更加联贯。

梁枋与梁垫雕刻

14 灵活的门窗棂格

为了穿风透光，门窗由木条组合构成，这种留有空间的木条组合称棂格。

门窗棂格的组合，经过长期的艺术实践，由简到繁，至明末清初时已不是简单的长条型的方直结构，而发展成为以不同长短的木条，不同方向转折的构成复杂的图案。

门窗棂格条木之间的成千上万个的转折，都是采取榫头拼接，使得木纹始终依照线条的走势转折，严密的结构保证了门窗的坚固并不会变形。

同时在棂格的条木与条木之间还镶入形态各异的图案雕刻作点缀，避免了纯条木构成可能产生的单调，使棂窗图案更加富有变化。

为了不使整块门窗棂格显得平淡，巧匠们在棂格的中间设制精雕细刻的格心。因为这一部位，距人们的视线最近，又经常出现视觉范围之中，建筑雕刻家们对格心的雕制也就特别讲究。格心，为透剔的平面浮雕。题材内容也富有生活情趣，如简单的有鱼、虾、鸡、猫等。复杂的则有人物故事，如“钟馗嫁妹”，“和合二仙”等。

人物格心

榫头拼接的棂格

15 高雅的绦环板浮雕

门窗是虚实相间的构件，除了穿透的棂格之外，还有平板浮雕的绦环板和棂板等。其中绦环板的雕刻也是建筑雕刻中平面浮雕最精致的部分。

绦环板处在门的中间部位，与人的视线最为接近，也是日常生活接触最多的部位，所以，雕刻都十分精致。绦环板是横宽的构图，便于画的充分发挥，题材内容的选择限制性小。

绦环板雕刻，较多地是采用剔底线刻浮雕，有的是充分利用绦环板的横构图表现气势宏伟，场面复杂的有《杨家将》等内容。也有的在两侧浮雕装饰图案的衬托下，概括背景，突出主体的人物等形象的表现。

绦环板中最珍贵的是浅浮雕，注重韵味，讲究层次的细微变化，形成极高雅的表现形式。这是建筑木雕中最精采的部分。

浅浮雕人物绦环板

人物滦环板雕刻

静物滦环板雕刻

16 交错穿插的通雕

多种技法的综合运用，是木雕工艺成熟的标志，由此而产生了通雕工艺。

通雕，又称镂通雕，是木雕的特殊技法。通雕是在吸取了浮雕、阴雕、圆雕等多种技法的基础上融通而形成的一种独特的表现形式。

无底的通雕镂空层次越多，难度越高，越具有艺术价值。通雕分为立体透雕和平面镂雕两种。

立体透雕，顾及四周，如表现蟹笼、花篮等。

平面镂雕，是在平面上雕刻，交错穿插，层层深入，如福建永春通雕五层工孔雀台花“封神榜”。作品层层叠叠，耐人寻味，是通雕的典型代表作。在章法经营方面也有独到之处，上下四层作水平透视，使所有人物都能得均等的显示。但同时，中间的第一层较高，下面第一层较低，上二层又较第一层低，使视觉上又产生变化。为了避免四层画面产生上下割断的弊病，作者一方面仅在中间部分作水平交待；另一方面巧设一棵柳树自下曲折向上就将整个画面贯穿了起来。更为巧妙的是，柳枝上披有一件衣衫，便起到了活跃画面和增加生活气息的作用。通雕在刀法上有独到之处，章法经营上若能取得圆满的艺术效果就更为难得。

红木通雕 蟹篓 欧亚制作

清初 永春五层通雕《封神榜》故事

17 金碧辉煌的金漆木雕

金漆木雕，是在木雕之后，再作髹漆贴金的民间工艺。

金漆木雕在木雕工艺完成后，需进行五道工序：填料（用瓦粉填平残缺），上漆（涂以红漆）、干固（在阴房中使漆固化）、贴金（刷贴金箔）。以红漆衬托金，就更显得金碧辉煌。

潮州地区以金漆木雕著称，尤以潮安、潮阳、揭阳、饶平、普宁和澄海等县最为发达。潮州地区，在唐代时木雕已应用于寺庙建筑的装饰，明清以来，用于建筑的木雕越来越普遍，当时在京做官的潮州人在家乡不仅建筑了不少的豪宅，而且还配上金碧辉煌的木雕，以显高贵。此外，金漆木雕还应用于日常用品，如家具之类，于是金漆木雕就成为广泛应用的民间工艺。

潮州金漆木雕以通雕最为精湛，并使圆雕、浮雕及阴刻等工艺都得到充分的发挥，再施以金漆，所以具有极高的艺术价值和观赏价值。

金漆木雕 花鸟通雕窗饰

金漆木雕　花鸟通雕家具构件

木雕　通雕家具构件

18 题材新奇的木雕挂屏

竹木收藏，题材内容也是考虑的重要方面，题材的新奇，自然会使收藏品更具价值。

收藏家朱裕东有一件本世纪初的木雕藏品“行车出游图挂屏”。初看并不起眼，然而稍加留神即发现此件作品有其不寻常的地方，在当时比较时髦的自行车在作品中作为表现的对象，这是木雕中非常少见的。对于一直以传统题材为主的东阳木雕来说，更是希罕。

作品高28厘米，宽52厘米。画面表现了穿着时装的骑自行车者与推独轮车的男女老少一并出游的景象。新式的自行车与老式的手推独轮车，形成了强烈的对比，增添了作品恢谐幽默的趣味。

若对作品创作的年代有所了解，那就有能了解作品的价值。

清末明初，由于国势衰落，原来经营建筑和家具的东阳木雕已经难以维持生存，便只能在拓展中谋求生机，逐步发展为纯商品性的行销海外的工艺品，并获得可喜的成功。起初东阳木雕开厂设店于浙江，进而发展到上海、香港、台湾和全国其他地方，并艺传泰国、加拿大、蒙古及东南亚，经营东阳木雕成为有利可图的行当。1896年杭州协和医院的美国人梅方伯也在羊市街元帅庙投资创办了“仁艺厂”，开始了东阳木雕的出口业务。本世纪20年代，上海徐家汇天主教堂的李天圣也弃教从商到东阳招收30余名艺人，开设了“仁昌公司”，专事外销。这一时期的东阳木雕市场占有率不断提高。从东阳木雕这一演变，可以了解到东阳木雕的经营者和制作者有着非常强的适应时势的能力。拓展东阳木雕的题材内容，将自行车这类属于时髦的现代交通工具作为表现对象，正是这种背景下产生的。

木雕 行车出游图 朱裕东藏

19 雕花“皇帝”与“状元”的联手创作

“向雷锋同志学习”东阳木雕挂屏，出自“雕花皇帝”杜云松和“雕花状元”楼水明之手，其收藏价值就不需言语了。

雷锋于1962年因公殉职，1963年，毛泽东主席亲笔题词：“向雷锋同志学习”。全国人民响应毛主席号召，举国上下掀起了向雷锋同志学习的热潮。这件作品就在这一历史背景下由已故的东阳木雕大师杜云松、楼水明创作的。

杜云松，生于1884年。14岁起便学习木雕，三年满师以后，雕刻的人物、花卉、山水已出手不凡。1921年前后他参加杭州雕花比赛，以优异的成绩获得第一名，被誉为“雕花皇帝”。1924年，浙江省雕花比赛时又获得第二名。他不仅雕刻的技艺高人一等，而且构思奇特巧妙。有一次，他为萧山一户人家雕刻牛腿，取材为“伯乐相马”、“龙女牧羊”、“骑虎入山”和“黄犬寄书”，虽然四件作品各自独立，但联系起来便似“马”、“羊”、“虎”、“犬”构成了“忠、孝、节、义”，令人感叹不已。创作此件作品时，恰逢杜云松八十大寿之际。

楼水明，生于1898年。17岁拜师学艺，22岁创作“平湖秋月”而一举成名，便被誉为“雕花状元”。他注重研究传统雕刻与绘画的关系。抗战与内战期间，他被迫随难民漂泊，1948年到香港，此时，他开始研究西洋家具的特点，并与东阳木雕相结合，创作了“香港海港概貌”图案的樟木箱，又是一举成功，作品被选为港府赠送给英国女皇伊丽莎白二世的结婚礼物。1956年，他回到了东阳，从事木雕创作工作。他精心创作的“赶集”、“三英战吕布”、“花木兰从军”等，倍受社会推崇。晚年创作的“文姬归汉”、“黄山风景”、“甘露寺”等，由中国工艺美术馆永久收藏。

木雕“向雷锋同志学习”用绘画手卷式表现，以树木作隔断，构成在风雨中抢救国家财产、向小朋友讲述革命故事、和战友一起学毛选和护送老大娘回家四个不同场面，表现了雷锋同志一心为公，乐于助人的精神。

东阳自形木雕 云水怒 冯文土作

东阳木雕 向雷锋同志学习 杜云松 楼水明作

20 刻工细腻的黄杨木雕

黄杨木原产我国中部各省，为常绿灌木或小乔木，质地坚硬，木纹细腻，色呈淡黄。生长极其缓慢，故有“千年不大”之说。李时珍《本草纲目》载：“黄杨性难长，岁仅长一寸，遇闰则反退。”故民间有“黄杨厄闰”之说。黄杨木是最适宜于进行精雕细刻的一种木材。黄杨用于工艺始于灯笼骨上的装饰雕刻，后逐步用于雕刻摆件，元代黄杨木雕已经相当成熟，在故宫博物院能见到元至正年款的“铁拐李”，无论是刀法还是造型，都已耐人寻味。明清以来黄杨木雕渐成独立的艺术品，主要产地是浙江乐清和温州。明清留下的作品甚多，代表作主要有：“倚床仕女”，仕女体态妍雅，神态安祥。“东方朔偷桃”，仰首扬目，双手按桃，姿态自然优美。黄杨木还可雕制成各种日用工艺品，如盒箱、笔筒等。

清 木雕 东方朔偷桃

清 倚床仕女

清 双螭耳海棠式盒

清 梅花笔筒

清 南瓜形盒

21 朱子常—黄杨木雕的一代宗师

朱子常，清代光绪三年（1876年）生，永和岩头人，诨号阿伦，人称伦仙。九岁起开始习塑佛，后又习雕刻和漆艺。他的黄杨木雕成就最高，善于充分利用黄杨木的特性，强调人物个性和特征，注重形和神的刻划；刀法娴熟，线条流畅，表现手法简洁明快。由于他的独到的艺术成就，将黄杨木雕艺术推向一个新的境界。

我们从浙江博物馆“六孩戏弥勒”、“捉迷藏”、“济公”、“仕女”、“东方朔”、“托天”等珍贵的收藏品中，可以充分地了解到朱子常卓越的黄杨木雕艺术。

本世纪30年代，朱子常的作品因在国际上获奖，从此身价倍增，他的作品以一寸4块银元计价。后来的黄杨木大家王凤祚曾请启蒙老师黄钦明带他到朱子常家学习，并得真谛，所以他模仿朱子常的作品，几乎可以乱真。

（范珮玲提供）

黄杨木雕 捉迷藏 朱子常作

黄杨木雕 东方朔 朱子常作

黄杨木雕 济公 朱子常作

黄杨木雕 托天 朱子常作

黄杨木雕 仕女 朱子常作

22 王凤祚承前启后

王凤祚（1905年—1993年），出身于乐清一个普通的糕饼工人家庭，13岁学艺，直到89岁逝世才放下雕刀。他20岁出头时，即开始创作三米多高的“过海观音”，得到佛教界的交口称赞。及至30年代，他仿朱子常的作品，到了以假乱真地步，于是慕名前来的订购者越来越多。

他的代表作有“巡逻”、“苏武牧羊”、“牛郎织女”，大型木雕“毕昇”、“国防军战士”、“柳枝观音”、“释迦牟尼”等，被国家评为珍品，分别由中国工艺美术珍品馆、中国军事博物馆、中国历史博物馆收藏。

在他的艺术熏陶和悉心培育下，王氏家属三代都从事黄杨木雕艺术。他们不仅人员众多，而且成就卓著，在工艺木雕界影响也最大。著名漫画家华君武参观王氏家族陈列馆时，欣然题词：“姜老的辣小的也辣”。

黄杨木雕 苏武牧羊 王凤祚作

黄杨木雕 李逵杀虎 王凤祚作

黄杨木雕　刘海仙　王凤祚作

23 叶润周善作红绸飞舞

叶润周（1917年—1996年），字颜青。浙江乐清县人，出身于祖传数代的黄杨木雕世家。10岁起随父学艺，14岁起独立创作，16岁时就创作比人体高3倍的神像。40年代时作品在省民间艺术展览会上初露头角。50年代初，个人出资创办了全国第一家黄杨木雕企业。60年代初，调温州市工艺美术研究所。

叶润周首创黄杨木雕镂雕和镶拼雕技艺。他的镂空雕作品，空灵剔透，玲珑精巧，他创作的三件“红绸舞”和大型“群仙欢舞庆人间”，具有一种腾跃的流畅感，是镂雕的杰作。他还首创浮雕人像“周恩来”。叶润周作品强调传神，如“钟馗压邪”，表现了钟馗嫉恶如仇的凛然正气；“寿桃千秋”则刻画了老寿星欢乐慈祥的可亲神态。不同人物，个性鲜明。他还善于巧用材质的纹理，使作品更具魅力，如“皆大欢喜”，弥勒的头、胸、腹等部分巧妙运用木材的年轮，效果极佳。他从艺60余年，创作木雕作品数百件。主要作品有“八仙”、“天女散花”、“秋翁遇仙记”、“群仙欢舞庆人间”等，“皆大欢喜”获1989年全国工艺美术百花奖一等奖，后又获珍品奖，“寿桃千秋”等3件作品获全国工艺美术精品奖。他被评为中国工艺美术大师，作品多次获省级、国家级奖牌和奖状。

黄杨木雕 李时珍 叶润周作

黄杨木雕 红绸舞 叶润周作

黄杨木雕 福寿长春 叶润周作

黄杨木雕 钟馗 叶润周作

24 徐宝庆始创海派黄杨木雕

徐宝庆出生于1926年，浙江台州县人。幼年时家庭生活贫困，1岁丧父，3岁丧母，后被贫苦的外祖母送入上海南市普育堂，7岁时进入徐家汇天主教会办的土山湾孤儿工艺院，10岁开始艺术学徒生涯。先后6年学习绘画、铜匠和家具设计等，然后进入雕刻工作室，开始了木雕生涯。他的艺术风格深受西方技法的影响。1944年，他以优异的成绩满师后，开始独立谋生。

徐宝庆是海派黄杨木雕的创始人。他的黄杨木雕，具有浓厚的生活气息，造型写实，注重解剖结构。徐宝庆的雕刻取材广，路子宽，人物、动物皆能，题材涉及天主教、佛教、传说、神话和现实生活。他对劳动人民怀有深厚的感情，表现农村题材尤为得心应手。他的儿童题材作品最具个人风格，造型生动，富有幽默感，情趣盎然。代表作有“五子戏龟”、“舞龙”、“顽皮娃娃”等。其中“送公粮”、“放学路上”由上海历史博物馆收藏。除了木雕之外，他还擅长石雕、牙雕、砚刻和竹刻等。

黄杨木雕 蔡文姬 徐宝庆作

黄杨木雕 司马迁 徐宝庆作

黄杨木雕 饲牛 徐宝庆作

25 高公博贵在创新

高公博，1949年生，1965年从艺，现为高级工艺美术师、中国工艺美术大师。主要作品有“济公”、“端午惊梦”、“鱼湖雨声”、“酒不醉人人自醉”等。技法变化多样，善以劈刀法雕刻，著名的有“苏武牧羊”、“神思”、“寒江暮雨”等。也善根雕，如“村童”、“回眸”、“风雪山神庙”等。作品获中国工艺美术“百花奖”一等奖和“希望杯”。

黄杨劈雕 寒江暮雨 高公博作

黄杨根雕 回眸 高公博作

黄杨木雕 母爱 高公博作

黄杨木雕 济公 高公博作

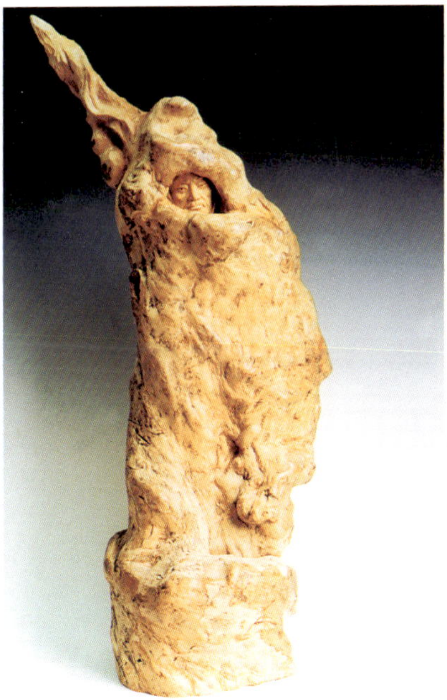

黄杨根雕 风雪山神庙 高公博作

黄杨木雕 神思 高公博作

26 王笃纯善为鹅传神

王笃纯，1934年生，王凤祚之长子。14岁起随父亲学艺，50年代创作的“捉迷藏”，形象生动，富有浓厚的生活情趣，作品被列宁格勒博物馆收藏，名声随之鹊起。

在长达50年的创作生涯中，王笃纯创作了数百件的优秀作品，现为中国美术家协会会员，高级工艺美术师，浙江省工艺美术大师。

王笃纯善于表现女性形象，代表作“默想仕女”、“唐女”、“回娘家”等，体现了风姿艳逸，娇憨可掬的女性美。观赏他的作品，多少能感悟到古代仕女婀娜多姿的娟丽韵味。同时，王笃纯还善于雕鹅。鹅的各种姿态，或叫喊、或觅食、或拍翅、或跳水，都表现得十分传神。为了能为鹅传神，他多次与放鹅的老人一起生活，进行细心的观察，代表作有“三鹅戏水”等。

王笃纯的作品多次在全国评比中获奖，其中最著名的是“两岸同根”，荣获1989年中国工艺美术“百花奖”。

黄杨木雕 欢庆 王笃纯作

黄杨木雕 戏鹅 王笃纯作

黄杨木雕 回娘家 王笃纯作

黄杨木雕 踢毽子 王笃纯作

27 王笃芳创办王氏研究所

王笃芳，1949年生，王凤祚之次子。高级工艺美术师，浙江省工艺美术大师。1978年毕业于中央工艺美术学院特艺系，师承著名的工艺美术家郑可教授。他的作品形象逼真，造型生动，富有生机，妙于传神。他曾为我国著名诗人艾青作三尊雕像，艾青见后，赞叹不绝。

王笃芳的创作多次在全国工艺美术大赛中获奖，如“钟馗南巡”，获中国根艺大展《刘开渠根艺奖”铜牌奖，“凌波达摩”获第九届中国工艺美术百花奖优秀新产品二等奖，“岁月”、“国殇”获中国民间艺术博览会“金奖”。1997年，他被中国文联评为“中国十大民间艺术家”，其黄杨木雕作品并在“中国十大民间艺术家精品展”展出。同时，王笃芳多次参加在台湾举办的“中国当代名家作品展”。

1991年10月，王笃芳创办了包括王氏祖孙三代在内的“王家黄杨木雕研究所”，在社会上产生了很大的影响，这对研究和弘扬黄杨木雕事业起到了积极作用。

黄杨木雕 东坡玩砚 王笃芳作

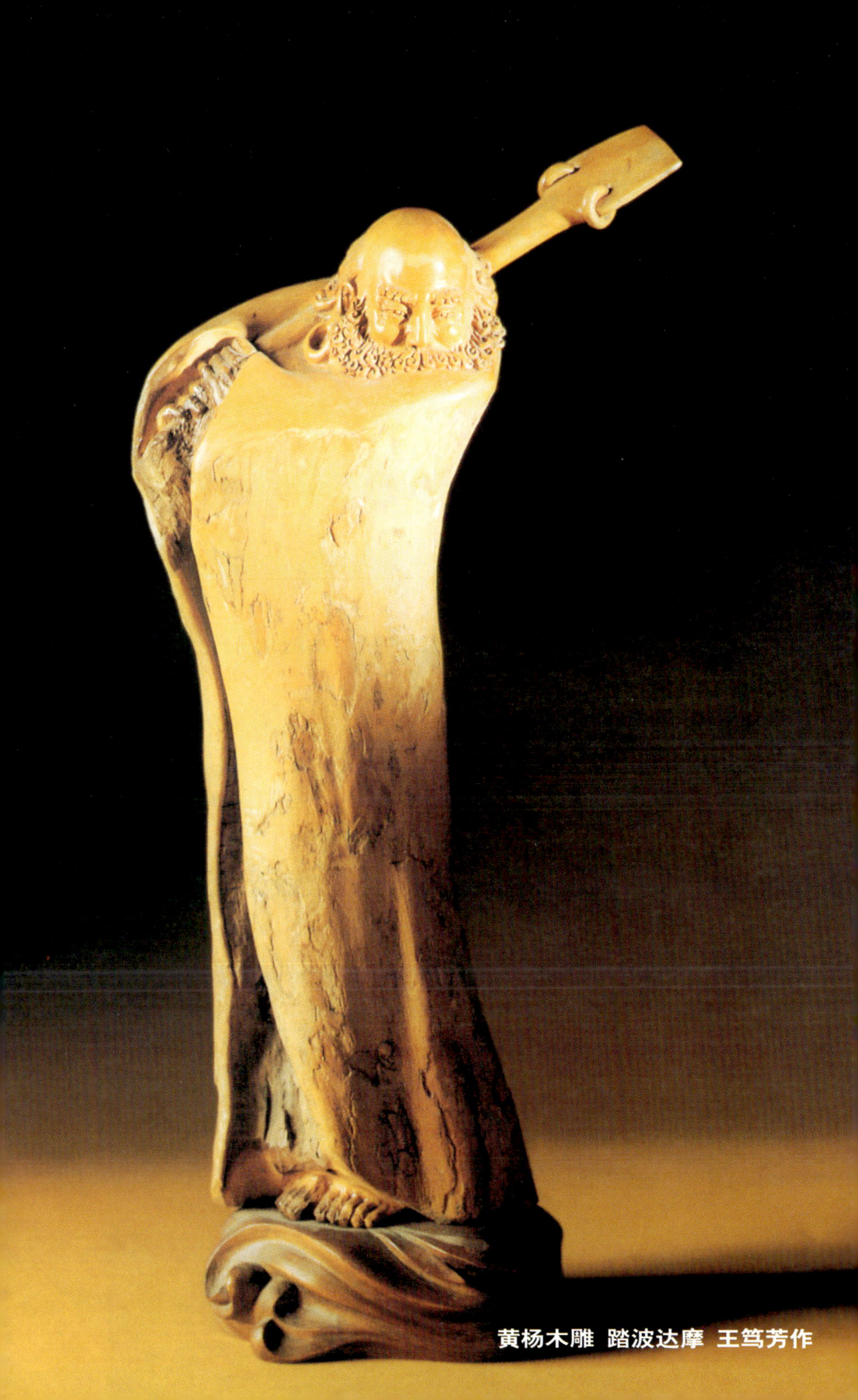

黄杨木雕 踏波达摩 王笃芳作

28 王氏雕刻人才多

除了上述王氏的几位大家之外，王氏家属的其他人员也都是身手不凡的雕刻家。

王和英，1937年生，王凤祚之长女。工艺美术师。长期随父学艺，并得到浙江美术学院教授周轻鼎的指导。主要作品有“小主人”、“鉴真东渡”、“花神”等，“李清照”和“贵妃出浴”在1985年被评为优秀创作奖。

郑胜宁，1943年生，王凤祚之二婿。工艺美术师。代表作有“一苇过江”、“神医华佗”、“曹雪芹”、“岁月”、“孙中山”、“祖国草原”等。擅长黄杨木根雕，作品“大江东去”、“达摩神悟”、“独钓寒江雪”等，分别获全国大展银牌、铜牌奖和浙江大赛两枚银奖。1994年被授于“浙江根雕名家”。

王笃生，1950年生，王凤祚之三子。1975年随父学艺，助理工艺美术师，任乐清市东亚佛像雕刻有限公司经理。浙江省民间艺术研究会会员，温州市工艺美术学会会员。代表作有“童子拜观音”、“释迦牟尼”等，擅长佛像雕刻，多次参加寺院的大佛制作。

王笃清，1959年生，王凤祚之四子。毕业于杭州科技大学工艺美术系，现为浙江省工艺美术研究所雕塑室助理工艺美术师。他少时受父熏陶，1978年随兄学艺。代表作有“包青天”、“千手观音”等，“太极”、“梳妆”等作品多次参加在台湾举办的中国工艺美术名家作品展。

王京，1960年生，王凤祚之孙女，1976年随父王笃纯学艺，1985年就学于中国工艺美术学院，擅长雕塑、绘画，作品多次参加全国工艺美术展览，并多次获奖。代表作有“皆大欢喜”、“醉意”等。作品刻意求新，清秀隽永，既秉家风，又具有现代气息。作品“唐诗如意”被中国工艺美术馆收藏。

黄杨木雕 老者 王京作

黄杨木雕 鉴真东渡 王和英作

黄杨木雕 地藏王 王笃生作

黄杨木雕 岁月 郑胜宁作

黄杨木雕 包青天 王笃清作

29 虞金顺获奖多

虞金顺，生于1949年，浙江省著名的黄杨木雕艺术家虞明华之子。中国工艺美术大师。从事黄杨木雕30余年，创作了作品300多件，擅长人物雕刻。他表现的各类作品人物，具有构思巧妙，刀法圆润，造型生动，形象逼真等特点。

虞金顺是在各类评奖活动中获奖最多的作者之一。其中，10次在全国评比中获奖。如“乐”荣获1989年中国工艺美术品“百花奖”一等奖，“罗汉”荣获1990年中国工艺美术品百花奖一等奖。他有30多件作品在浙江省评比中获奖，其中“欢”、“乐”、“罗汉”及“张果老”等7件作品分别获省金鹰奖、精品奖和特等奖。

虞金顺多次应邀赴新加坡、泰国、日本、澳门等国家和地区进行艺术交流。

黄杨木雕 弥勒 虞金顺作

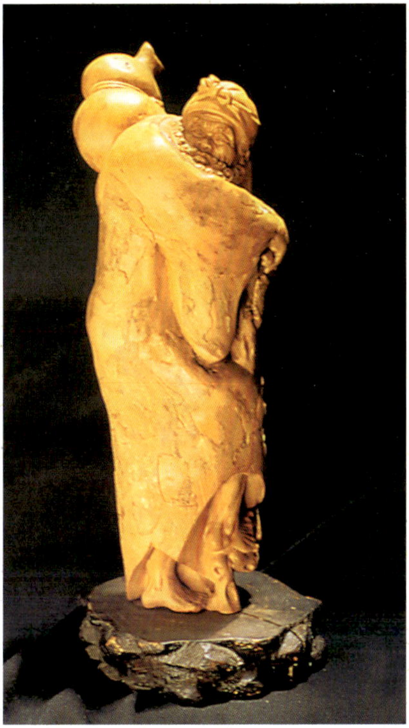

黄杨木雕 铁拐李 虞金顺作

黄杨木雕 山羊 虞金顺作

30 虞定良雕牛出众

虞定良，虞金顺之弟。现为浙江省工艺美术大师。他自14岁起随父学艺，以雕刻技法全面著称，除了黄杨木雕之外，还擅长石雕、牙雕和根雕等。

虞定良黄杨木雕最具特色的是动物雕刻，他的作品深得中国动物雕刻家周轻鼎教授的真传。无论是驯良的小鹿，健壮的大熊，还是飞奔的骏马，角斗的野牛，在他的刻刀下都被刻划得活灵活现，栩栩如生，作品具有夸张而不做作，刚强而不凶残，奔放而不粗野的特点。

他于1984年、1989年创作的“角斗”、“大地”等作品，以巧妙的构思，生动的造型成功地表现了牛的英姿而分别获得全国第五、第八届中国工艺美术“百花奖”和优秀创作设计一等奖等殊荣。另有“父子情”、“奔”、“朝阳”、大型彩石雕镶嵌“十二生肖”，立屏“月夜”等18件作品荣获省优秀创作奖。

虞定良自改革开放以来，曾赴泰国、新加坡、日本等国进行艺术交流。

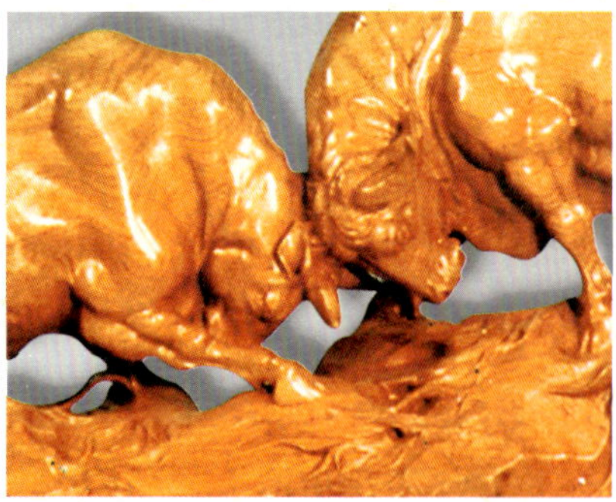

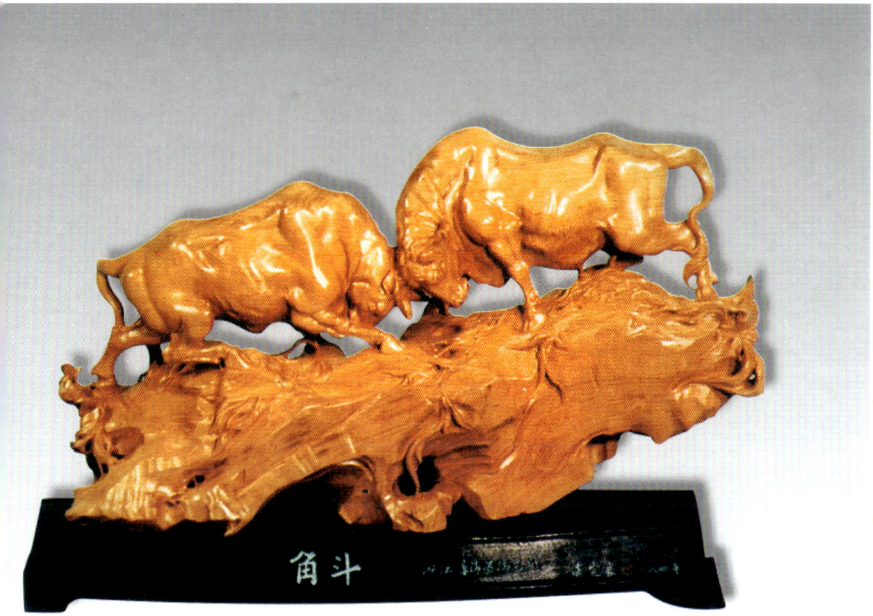

黄杨木雕 角斗 虞定良作

31 “将门之子”高敏

高敏，高公博之子，工艺美术师，1972年生，1986年随父学习黄杨木雕，1996年毕业于中国美术学院首届雕塑大专班，是该班唯一的“三好”学生。擅长黄杨木雕、雕塑。现为中国工艺美术学会会员、中国根艺美术学会会员、浙江省民间研究会会员。

高敏善以雕塑的表现手法与黄杨木雕技法相结合，在继承传统木雕的同时，注重个性发挥，创作了一批富有个性的作品，如“逗”、“降龙”、“达摩”、“鸟儿对你说可以下岗了”、“雪娃”等。20岁时，他的作品“渔家乐”已在第三届国根艺优秀作品展荣获优秀奖。这些年来共有6件作品在全国展览中获奖、7件作品在全省展览中获奖。

黄杨木雕 逗 高敏作

黄杨木雕
鸟儿说你该下岗了
高敏作

黄杨木雕 牧归 高敏作

32 自古珍贵红木雕

我国古代的红木雕刻十分珍贵。红木中的紫檀木，晋崔豹《今泾·草木》中已有记载："紫檀木，出扶南，色紫，亦谓之紫檀。"书中还谈到："乌木出波斯国，有木，色黑而有纹，亦谓之文木。"唐代时，苏鹗《苏氏演义》已将乌木谓乌文木。历代其他文献对红木类的木材也都有论述。

自明代起，竹、木、牙、角雕刻空前发展，各类雕刻技法，相互融会贯通，红木雕刻已具有刀法圆熟，设计精巧，造型别具的特点，并留下不少艺术珍品。最著名的有中国历史博物馆的藏品明代"十八学士奁具"。有屉，长24.5厘米，宽15.7厘米，面板雕有十八学士故事郭子仪上寿图。构图紧凑，人物生动，宾主有序，疏密有致。四周雕有怪兽云纹和细线回纹。

明紫檀木"玉兰花笔筒"，笔筒主体为一朵含苞待放的玉兰花，四周巧敷苍劲的枝干和初发的叶芽。圆雕和浮雕的有机结合，使我们在一枝一花中充分感受郁郁葱葱、生机勃勃的春光。

明 紫檀木 玉兰花笔筒

清 紫檀木盒

33 红木是约定俗成的集合名称

近年来随着人民生活的显著提高，红木家具和欣赏品不但被高级宾馆和高档餐厅作装饰和陈列，而且亦为群众使用和收藏。于是真假红木的纠纷也随之多了起来。

红木是约定俗成的特定的集合名称，实际包括了34个树种，习惯归纳为紫檀木、花梨木、香枝木、黑酸枝木、红酸枝木、乌木、条纹乌木和鸡翅木8类。植物学上隶属于紫檀、黄檀、柿属、崖豆及铁力木等5个属。其中，主要是紫檀属和黄檀属，并且极大多数是从东南亚、非洲和拉丁美洲进口。

红木的识别和区分，主要是以简便实用的宏观特征，如材色、密度、结构和纹理等为依据，辅以必要的木材解剖特征来确定其属种。

乌木雕 寿星 欧亚制作

条纹乌木雕 罗汉
欧亚制作

乌木雕 观音 欧亚制作

条纹乌木雕 罗汉
欧亚制作

34 红木认定的必备条件

由于自古以来红木是一个约定俗成的集合名称，没有统一的鉴定标准。如今进口的类似红木的木材也越来越多，于是导致市场的混乱，对此，国家权威部门提出红木认定必须具备的4项条件。这4项条件是：

一、树种和材色

紫檀木—心材红紫色的紫檀属木材；

花梨木—心材红褐色的紫檀属木材；

香枝木—心材红褐色的黄檀属木材；

红酸枝—心材红褐色的黄檀属木材；

黑酸枝木—心材黑色的黄檀属木材；

乌木—心材黑色的柿属木材；

条纹乌木—心材黑色或栗褐色的柿属木材；

鸡翅木—心材黑色的崖豆属及铁力木属木材。

二、结构

木材结构细，平均导管（管孔）弦向直径不大于200 μm。

三、重量

含水率12–15%时气干密度大于0.76g/cm^3，木材重(0.76–0.95g/cm^3)、或甚重(>0.95g/cm^3)。

四、材质

木材必须达到上述三项标准才能称为红木。由于地理条件不同，同一树种木材的密度、材色、生长轮类型、纹理、结构等都有不同的变化，凡未能达到上述标准者，不能称为红木。

黑酸枝木 松鹤扇形挂屏 欧亚制作

黑酸枝木 罗汉 屠杰作

黑酸枝木 东方朔 屠杰作

35 红木的类别及其特征

能归入红木的现有书8种木类。

识别这8种红木应掌握每种木类的类别特征:

1、紫檀木类　心材红至紫红色；散孔至半环孔材；木材结构细;重至甚重，沉于水;轴向薄壁组织主为同心层式细线状；波痕可见或不明显；香气无或很微弱。

2、花梨木类　心材主为红褐、浅红褐到紫红褐色；散孔材至半环孔材；木材结构细；重或甚重，绝大多数浮于水；波痕可见或不明显；香气无或很微弱。

3、香枝木类　心材红褐色；木材结构细至甚细；轴向薄壁组织主为同心层式细线状或窄带状;辛辣香气浓郁。

4、黑酸枝木类　心材黑栗褐色，常带明显的黑条纹;散孔材到半环孔材；木材结构细；重至甚重，绝大多数沉于水;轴向薄壁组织主为同心层式细线状及或窄带状;波痕可见或不明显;有酸香气或很微弱。

5、红酸枝木类　心材主为红褐或紫红褐色；散孔材至半环孔材;木材结构细;　重至甚重，绝大多数沉于水；轴向薄壁组织主为同心层式细线装及或窄带状；波痕　可见或不明显；有酸香气或很微弱。

6、乌木类　心材乌黑色；孔材至半环孔材;木材结构细;重至甚重；轴向　薄壁组织主为星散聚合及或星散聚合星散窄带装；波痕可见或未见。

7、条纹乌木类　心材黑色或栗褐色;间有浅色黑条纹;散孔材至半环孔材;木材结构细;重至甚重；轴向薄壁组织主为星散聚合及星散聚合或星散窄带状；波痕可见或未见。

8、鸡翅木类　心材黑褐或栗褐色;散孔材至半环孔材;木材结构细;重至甚重;轴向薄壁组织在肉眼下明显，主为聚翼状及聚翼状或傍管带状，材色深浅，弦面上呈翅状花纹。

黄檀木雕 搏 屠杰作

紫檀木雕 弥勒

紫檀木雕 罗汉

36 同类树种木材多

红木的同一类树种，包含有多种木材。如黑酸枝木类，根据木材的材色、密度、结构和纹理等分析，就有7种木材属于黑酸枝木类。这7种木材是：

1、主产于缅甸、印度的刀状黑黄檀；

2、主产于缅甸、印度、越南和我国的黑黄檀；

3、主产于印度、印度尼西亚的爪哇的阔叶黄檀；

4、主产于东非的黑黄檀；

5、主产于热带美洲，特别是巴西的巴西黑黄檀；

6、主产于南美亚马孙的亚马逊黄檀；

7、主产于中美洲的伯利兹的伯利兹黄檀。

虽然同属于黑酸枝木类，但实际质地和价格都有差异，有的价格相差1倍以上。经营者常以低价进口料作高价出售，消费者一般是不知晓其内情的。

黑檀木雕 寿星 屠杰作

非洲紫檀木雕 弥勒

37 紫檀木树种不等于就是紫檀木

紫檀木类，能纳入的树种仅有：

紫檀木（类）(Pterocarpus spp)、檀香紫檀(P.sentalinus)。至于越柬紫檀(Pterocarpus cambodianus Pierre)、安达曼紫檀(Pterocarpus dalbergioides Roxb)、刺猬紫檀(Pterocarpus erinaceus Poir)、印度紫檀(Pterocarpus indica Wild)等，则都不属于紫檀木类，而属于花梨木类。

既然是紫檀木属的树种为什么称不上紫檀木呢？紫檀木必须具备这三项条件：

1、必须是紫檀属(Pterocapus)树种的心材，材色红紫，久则转为黑紫色。

2、结构：木材结构甚细至细，平均导管(管孔）弦向直径不大于160 μm。

3、密度：木材含水率12%时气干密度大于1.00g/cm^3。

如今，这些紫檀树种的木材不具备三项必须具备的条件，如印度紫檀，气干密度 0.53—0.94g/cm^3，安达曼紫檀，气干密度0.69—0.87g/cm^3，刺猬紫檀，气干密度0 .85g/cm^3，大果紫檀，气干密度0.80—0.86g/cm^3，囊状紫檀，气干密度0.75—0 .80g/cm^3。

所以紫檀木树种的木材，并不等于就是紫檀木。以混淆概念的办法图利，也是个别红木经营者经常采用的手法。

红酸枝木仿古雕

38 满屋生香的檀香木雕

檀香木又称旃檀、白檀。檀香科。常绿小乔木。叶对生，长卵形。花初黄色，后变成血红色。原产印度、澳大利亚、非洲等地，我国台湾也有栽培。木材极香，可刨片入药，作为芳香、健胃剂用。蒸馏可取得檀香油，作肥皂的香料，除此之外，檀香木使用于雕制器具、扇骨等工艺品。

檀香扇，我国的特种工艺品之一。用檀木制成各种女用的折扇，加以精美的雕饰。使用时香气扑鼻。品种有雕花、拉花、绢画、烙画、镶嵌、接骨等花式。主要产地是杭州、苏州和广州。苏州产品以绢画闻名，广州以拉花著称。香木扇不属于此类。

檀香木也作雕刻，如小型的菩萨类挂件。摆件作品因受木料的限止，一般以小摆件为主，题材多取吉祥之意。供奉于室，满屋生香。

檀香木雕 王昭君

檀香木雕 嫦娥奔月

檀香木雕 十八罗汉拜观音

39 防蛀的香樟木雕

樟木亦称香樟，有黄樟、红樟、乌肚樟、灰白樟五类。樟科。常绿乔木叶互生，卵形，上面光亮，下面稍灰白色，近基部出三脉。初夏开花，花小型，黄绿色，圆锥花序。核果小球形，紫黑色。广布于我国长江以南各地，以台湾为最多。喜生丘陵和平原的酸性土壤。植物全体均有樟脑香，是提取樟脑和樟油的原料。

樟木用于雕刻，主要有两类，一类是实用品，另一类是欣赏摆件。

樟木雕制的日用品，常见的有雕花的箱子，习惯称樟木箱。用樟木雕制的箱子，既能贮物，又能防蛀，并可作为室内高档的陈设。还有用樟木雕椅子，如大型的龙椅等。樟木雕的箱和椅，类于白木雕一类的工艺。

樟木硬软适度，适宜深入雕刻，常见的是立体人物，动物雕刻就雕刻细腻程度而言，樟木不及黄杨木。但樟木料大，可以雕刻大型的作品，这是黄杨木所不行的。

樟木雕 关公像

樟木雕 关公

樟木雕 年年有鱼

40 珍希的沉香木雕

沉香木亦称伽南香、奇南香。瑞香科。常绿乔木，叶革质，卵状针形，有光泽。产于印度、泰国至越南，我国台湾亦有栽培。心材为著名熏香料。另一种土沉香，称女儿香、崖香，产于我国南部，以海南岛最盛。

沉香木呈黄色，质地坚硬而重，是珍贵的木材之一。明永乐年间起，除了南方诸国进贡之外，还通过贸易的渠道购入。沉香木主要用于制造香料和雕制各种小型的工艺品，如佩饰、如意、杯碗、笔筒等。

现存古代沉香木雕的代表作主要有：明“山水人物笔筒”、清“渔钓图笔筒”、“山水天然式杯”等。

沉香木雕采取的是犀角和竹的雕刻技法，雕法极为细腻圆润，吸取犀角杯类的造型，画面构图上较多地体现了山水国画的影响。为了充分利用材料，使作品尽可能地做得大一些，沉香木雕常采取镶拼的办法，如明代著名雕刻家江春波“山水人物笔筒”便根据构图的需求，在笔筒的四周镶接沉香木小块，然后刻以山石草木，也有的是雕刻成构件后再镶接。由此可知，当时对此种材料已十分珍惜。如今，沉香木的尊容已难见到。

清 沉香木雕 山水天然式杯

清 沉香木雕 渔钓图笔筒

41 最大的贴金木雕屏风

木雕屏风，是历代常见的室内摆设。根据材料的不同，可分为漆雕屏风、木雕屏风等。屏风虽属大件，但由于受屋宇的限止，所以宽在5米以上的屏风便很少见了。然而，女收藏家浦金莉却收藏了一件宽12.5米，高2.5米的“百鸟朝凤”特大贴金木雕屏风。这样大的屏风在屏风制作史上是绝无仅有的。

此屏风是在80年代末，收藏家在福建闽南山区重金购得。

“百鸟朝凤”贴金木雕屏风，制作于1934年。本是一位上海的有钱人家为沪上的一位大亨祝寿而特地到福建定制的。作品由当地71岁的雕刻大家所作，历时4年，共消耗黄金2.5公斤。后因抗日战争暴发，作寿一事也就作罢。

贴金木雕 百鸟朝凤屏风

42 竹木镶嵌效果逼真

竹木镶嵌，即通过在竹木雕件上镶嵌另一类材料的方法以更好地表现景物、图案和文字。以竹木为载体，镶入的材料可以是一种，也可以是多种。镶入材料的选择，一般基于这几方面的考虑：一种是强调色彩的对比，为使图案、文字更醒目；另一种是强调色彩模拟所表现的物象，以使图案更加逼真；再一种是贵重材料的选用以提高作品的身价。这三方面的考虑又可以是综合的，即在同一件作品上加以应用。有的并加以彩绘，以使形象更加逼真。在竹木镶嵌中，最具典型性是明代彩绘木雕镶牙脸“王母像”。

明代彩绘木雕镶牙脸“王母像”，高27.3厘米，用贵重的沉香木雕刻。王母头梳高髻，戴簪花，长圆脸形，前额高耸丰满，两眼向下凝视。身穿交领，广袖过膝，肩部披帛曳地，腰围长裙，系有腰带。上身微向前倾，双手捧物于胸前，双足呈内八字形。

作品浑身遍布彩绘，身材苗条秀丽，衣纹粗犷遒劲。较鲜见的是脸上镶贴了象牙，并施彩绘，使王母脸显得格外娇嫩细腻，为明代镶嵌彩绘的代表作。

座底有康熙二十五年（1686）曹大春朱书沉香木雕王母像来历的题记。作品于浙江省崇福寺塔内发现，现藏浙江省博物馆。

（范珮玲供稿）

清 黄杨木镶嵌红木文具盒

明 象牙脸彩绘木雕 王母像

43 观音

观音，竹木雕刻最常见的题材之一。

观音，佛教菩萨。观音又称观世音、观音大士。梵文为“阿黎耶阿缚卢枳多伊湿伐罗”，“阿黎耶”意为“圣”，“阿缚卢枳多伊湿伐罗”意为“观世音”，也称“光观音”、“观自在”、“观世自在”。后因唐代时，避太宗李世民名讳，改称观音。佛经称观音大慈大悲，能救苦难众生。

唐代以前，观音像依照的是印度佛教的造像标准，都作男性相，嘴的两则有胡须，如《法华经》所称：“勇猛丈夫观自在。”自唐以后，佛教造像在民族化的过程中，观音逐步变为女相，从此女相的观音便成为中国观音的造像标准。

为了随顺不同种类的众生的需要，观音便演化为众多的造型。如“六观音”，十一面观音、千手观音等，并出现“三十三观音”，其为：杨柳观音、龙头观音、持经观音、圆光观音、游戏观音、白衣观音、莲卧观音、泷见观音、施药观音、鱼篮观音、德王观音、水月观音、一叶观音、青颈观音、威德观音、延命观音、众宝观音、岩户观音、能静观音、阿耨观音、阿摩观音、叶衣观音、琉璃观音、多罗尊观音、蛤蜊观音、六时观音、普悲观音、马郎妇观音、合掌观音、一如观音、不二观音、持莲观音、洒水观音。

观音，也多神奇的多面多臂造像。观音有一面二臂、四臂、八臂、十八臂，也有三面二臂、四臂、六臂、十臂、还有十面十臂、十一面三十二臂。最为复杂的是千手千眼观音。千手千眼观音，除双眼双手之外，左右各具二十手，手各有一眼，共四十手，四十眼，配于三界二十五因果报应而成千手千眼，以示法无边。

观音的形态神情也是多种多样。如唐代观音雍容华贵，仪态万方；宋代的观音则显得朴素而平凡，常见有游戏坐、安逸坐等平易而亲切的姿态。

目前，最大的观音木雕是黄檀木雕千手观音坐像。作品高5米，以5吨黄檀为原料，耗时一万两千人工精心雕制而成。作品由上海欧亚明清红木雕刻艺术研究所雕制，上海工艺美术学会监制，现已获吉尼斯之最证书。

黄檀木雕　千手观音像

44 弥勒佛

弥勒佛，佛教菩萨。弥勒为梵文，意为慈氏。佛家称弥勒，原住“兜率天”（菩萨所居净土），满4千岁（当人间57亿6百万岁），即下生世界，成佛于龙华树下，继承释迦佛位。

我国最著名的弥勒佛，是在北京安定门内雍和宫万福阁的那一尊。此尊弥勒佛高度18米、直径3米，佛像用整根旃檀木雕成。合计地下埋藏8米，旃檀木总长为26米。弥勒佛像头颈挂有大蛇，左手掐住蛇头，右手紧握蛇尾。佛像为七世达赖喇嘛为感谢清代乾隆皇帝帮他平息叛乱而制作的。

竹木雕弥勒佛，演绎为手提布袋，笑口常开，大肚坦露的生动形象，即布袋和尚。相传五代梁时僧人，名契此，又号长汀子，居明州奉化（今属浙江），世传为弥勒佛之化身。其常以杖荷布袋入市，见物即乞，出语无定，人称布袋和尚。后梁末于岳林寺，口念偈语而卒，语曰：“弥勒真弥勒，分身千百亿，时时示世人，世人自不识。”后世佛庙多塑其像于寺庙山门。

木雕弥勒的摆件中，朱子常的“六子戏弥勒”最见代表性。作品长30厘米，宽20厘米，高22厘米，六个顽童，或吹喇叭，或倒地仰天，形态各异，生动活泼，弥勒则笑容可掬，逍遥自得。老少同乐中，又不失佛的风范。

（范珮玲供稿）

竹根雕 弥勒佛 徐宝庆作

黄杨木雕 五子戏弥勒 朱子常作

金漆木雕 弥勒

45 罗汉

罗汉，释迦牟尼的弟子。罗汉本姓梵文“阿罗汉”之简称，佛教徒修行，有初果、二果、三果、四果四种不同的成就，四果称阿罗汉果，为佛家断绝一切欲求、烦恼之圣者。得此果者即为阿罗汉，简称罗汉。据玄奘译《法住记》，释迦牟尼曾令十六大弟子常住人间，普渡众生，称十六罗汉，各具其名。唐宋又增为十八罗汉，或降龙、伏虎，或达摩、布袋，或摩耶夫人、弥勒，佛典皆无可考。又将常随释迦牟尼听法传道的五百弟子称五百罗汉。《大明继藏经》有《乾明院五百罗汉名号碑》。著名的五百罗汉塑像有苏州西园和云南昆明筇竹寺两处。

黑酸枝木劈雕 罗汉 屠杰作

黄檀 罗汉头像 屠杰作

紫檀 罗汉 屠杰作

46 人物竹槎

传统题材的人物竹槎，是嘉定竹刻中大件代表作品。

这类作品的布局，有一个基本的布局程式，竹的根部作为弯形上翘的船尾，竹的杆部延伸作为船体。大型的竹根直径大，竹壁厚，因材施刻，加圆雕、透雕、浮雕综合运用，人物、树木和竹槎浑然一体，空灵剔透，材料又得到充分的利用，经竹刻家的精心经营，便成为一种喜闻乐见的表现形式。人物竹槎的内容与美丽的神话传说有关，主要演绎这样两个故事：

一个讲的是仙人乘槎到达通天河的故事。晋张华《博物志》载："旧说天河与海通。近世有人居海渚者，年年八月有浮槎去来，不失期。人有奇志，立飞阁于查（槎）上，多赍粮，乘槎而去。十余日中犹观月日辰，自觉茫茫忽忽亦不觉昼夜，去十余日，奄至一处，有城廓状，屋舍甚严。遥望宫中多织妇，见一丈夫牛渚次饮之。牵牛人乃惊问曰：'何由至此？'此人具说来意，并问此是何处？答曰：'君还至蜀郡访严君平则知之。'竟不上岸，因还如期。后至蜀，问君平，曰：'某年月日有客是犯牵牛宿。'计年月，正此人到天河时也。"

另一个是讲八仙过海的故事。八仙过海，见于《东游记》：八仙自西王母蟠桃大会后，醉别回归途中，路经东海，吕洞宾提出去东海游，并说如果驾云去，难以显示仙家的本领，应各投一物，乘之而过。于是八仙分别将所持之物投入水中而渡。这也就是"八仙过海，各显神通"的由来。

目前，保存下来的嘉定旧作已极罕见，我们现在见到的，是象山地区的竹雕。其中也不乏优秀之作。

竹根雕 人物竹槎

47 和合文化

和合文化，是中华传统文化的重要组成部分。《周易》有阴阳和合之说，《诗经》有和羹之述，孔子则有“和为贵”之论……

和合文化在我国各个民族的文化艺术的瑰宝中，也包括在民间工艺美术品中都有所反映，最著名的是被清代雍正所封的和合二圣——寒山和拾得。寒山，又称寒山子，唐代僧人，相传他于公元七世纪末至八世纪初，居浙江天台寒岩，与国清寺僧人拾得为友。后来，两僧同游苏州寒山寺。至今，寒山寺还留有寒山和拾得的石刻像。清雍正十一年，寒山被封为和圣，拾得被封为合圣。和合二圣形象温和雍容，情长谊深，为群众所爱，在竹木雕刻中也都有反映。

与此题材有关的还有“五福和合”、“和合如意”、“和合万年”、“同心之言”等。

木雕 和合二仙

48 木雕“财神”的背后

由于人类对自然科学认识的局限，人们无法解释所遇到的种种自然现象，于是就产生了祈求神灵的风俗。除了宗教中的各种神之外，民间生活中还有各种各样的神，如向往幸福生活，于是产生了财神。祈求财神，就成为社会的一种普遍现象。如今，人们不再相信这类神了，但作为一种流传在民间的竹木雕制成的神像，却因其雕刻的精湛而成为收藏的对象，如金漆木雕“财神”。

金漆木雕“财神”，它的收藏价值，一方面体现在木雕的技艺上，作品形象夸张，刀法简练，较完整地体现了民间金漆木雕的特点。同时，更具意义的是，这件木雕能帮助我们了解当时社会是以何种方式向神祈求的。

收藏者在把玩此件作品时，偶然发现财神的背部有一个机关，即有一块木头是安装上去的，当打开这块木块时，就发现里面是个空穴，并存放了一红纸。打开红纸见到的原来是一封湖南湘潭地区一位姓喻的祈求者写给财神的祈求信。从信中知道祈求的原因是：“近来时运不济，命运多舛”，他希望财神能帮助他“无论何事，逢凶化吉，东成西就，南通北达”；并祈保“人丁康健，六畜丰肥，出入亨通，交易如愿，财源承进，万事遂意”。

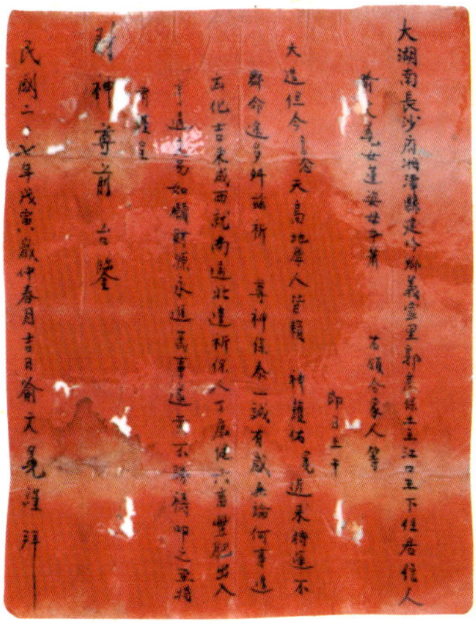
財神尊前 台鑒

藏于木雕内的祈求信

民国 金漆木雕 财神

49 朽木也可雕也

常言道:“朽木不可雕也”。木雕的选料是十分讲究的,为了保证木雕作品的质量,别说是朽木,即使有点伤疤节痕,也弃之不用,在环保不被重视的当年,大量的黄杨木等被用作火柴。随着环保意识的加强,雕刻家在雕刻时也突破常规,一些朽木成了雕刻的良材,所雕刻的作品,因构思奇特而成为独一无二的珍品。红木雕“老子”就是朽木雕成的典型。

这块红木原木作为朽木而被丢弃,雕刻家高公博见到后,便取了回来。他对这块扭曲不规,疤结洞槽遍体的朽木,进行了长期的观察。这块丝毫不能引起人们美感的朽木,其饱经风霜的纹理,却能使他感悟到年代的久远。终于他灵感突发,在木材的顶部中处,刻画老子的头像,刀法简洁,却将老子安逸深邃的神态充分地显示出来;木材左右两侧,则以劈刀手法稍加修整,整体上基本保存原有的疤痕和洞槽。于是,一尊质朴浑厚,大气洒脱“老子”呈现在我们的面前。

红木雕 老子 高公博作

50 七十二行艺祖神像（神马）名位

有些竹木工艺品中的常见人物形象，因为是各种不同行业的宗拜对象，所以流传广泛影响深远。相传七十二行有艺祖神像。其中，刘海蟾仙居七十二行之首位，在庙会或集市上只有针线业开市交易，其他行业才许进行买卖，行会规章是十分严格的。现将常见的五十五行艺祖神像列举如下：

（1）刘海蟾仙（针线业祖师）
（2）神农氏（农业工具业）
（3）轩辕黄帝（裁缝成衣业）
（4）妃禄仙女（刺绣作）
（5）梓潼帝君（刻字印刷业）
（6）文昌帝君（书籍南纸业）
（7）梅葛仙翁（染坊业）
（8）孙膑真人（靴鞋业）
（9）白头佛（皮匠业）
（10）蔡伦圣人（抄纸坊）
（11）吕祖（制墨业）
（12）蒙恬真人（造笔业）
（13）子路贤人（造砚作坊）
（14）吴道子（油漆、扎彩业）
（15）王维（画店业）
（16）陈七子（梳子、栉子）
（17）白衣观音（玉器作）
（18）老郎神（戏班）
（19）公输般（石木瓦绳匠之祖）
（20）罗真人（假发、理发）
（21）郭公真人（烧窑业）
（22）杜康真人（造酒烧锅）
（23）毡彩老祖（绒毡彩线）
（24）麻衣仙翁（风鉴祖师）
（25）胡敬德（倾炼炉火业）
（26）胡鼎真人（铜锡、秤匠）
（27）欧岐佛（金银首饰、小炉匠祖师）
（28）老君（煤矿锻冶）
（29）陈辛真人（打铁匠）
（30）马皇后（朱元章后，网巾业）
（31）机神祖师（纺织业）
（32）胭脂大王（御药）
（33）园林神仙（果木园）
（34）青苗神（菜园）
（35）水草马明王（车马店）
（36）白虎神君（磨坊业）
（37）传花姐姐（花店业）
（38）井泉童子（水铺业）
（39）总管河神（船家）
（40）无敌火炮将军（鞭炮店、火药库）
（41）管号之神（当铺、库房）
（42）韦真人（草药店）
（43）至圣孔子（学塾）

（44）姜太公（相面、卜命馆）
（45）灶王帝君（厨师业）
（46）女狐仙（乐户）
（47）眼光娘娘（眼药铺）
（48）玄坛赵元帅（钱庄业）
（49）王二车神（搬运车脚行）
（50）达摩老祖（修脚业）
（51）周灵王（珠宝玉石行）
（52）汉宣帝（饼铺）
（53）陆羽（茶叶店业）
（54）青农神（养蚕）
（55）青帝童子、三百公公、八百婆婆（吹打弹拉，一并响器祖师）

竹雕　七十二行艺祖神像之首刘海蟾

51 古代竹刻品类多

我们的祖先一直与竹为伴，竹制品是生活中最常用的物品之一。一万年前竹制成的箭头——簇的出现，表明祖先已掌握竹材的原始加工的技术。随着制作工艺的进步，竹艺的艺术水平也不断的提高，《诗经》有云：“彤管有炜，说（悦）怿女美。”古人对用竹制成的笔管已十分讲究。

近年来，古墓中出土了不少古代的竹制工艺品。

1971年至1972年，在湖南江陵拍马山第19号战国墓出土了三件竹制品，其中，有一件是古代的盛酒器—竹卮。竹卮的下部雕刻有三只兽蹄足。

50年代在甘肃武威汉墓出土了两支笔。一支笔的杆上刻有“白马作”，另一支刻有“史虎作”。这是至今发现的最早的竹刻阴文。

迄今见到最早刻有浮雕图纹的竹艺，是湖南马王堆一号墓出土的西汉浮雕龙纹漆竹勺。其以竹为胎，勺柄端处浮雕有龙一条。

文献所载，完整的竹雕工艺品是六朝齐高帝（公元479年—482年）赐给隐士明僧绍的一件竹根如意。而如今我们能见到的最早的实物，是70年代江西出土的唐代墓葬中的竹俑。

现存日本正仓院的唐代乐器竹笛——“八尺”，刻有仕女四人，这是最早的留青竹刻。宋高祖时（1127年—1162年），安徽竹刻名家詹成，技艺超人，作雕竹笼，精妙无比。“四面皆花版，竹片上刻成宫室、人物、山水、花鸟、禽鸟，纤悉俱备，其细若缕，且玲珑活动”。从这些文字的记载中，我们可感受到宋代的竹刻已相当成熟了。

西汉 彩漆龙纹竹勺

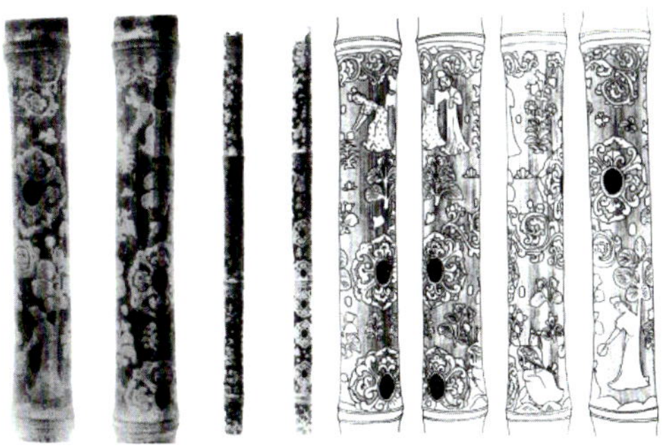

唐 人物花鸟八尺

52 朱松邻奠定嘉定竹刻的历史地位

明代中期竹刻的辉煌，嘉定竹刻的崛起是起了决定性作用的。嘉定地处长江口，是一个人杰地灵、物华天宝的地方。当时，聚集着大量嗜好金石书画的文人，当地又盛产大量的竹子。这些竹子经名家的雕刻，便不同凡响，冠绝一时。嘉定竹刻便是人文与物产吻合无间的产物。

嘉定竹刻，始于朱松邻，传子小松，孙三松。朱氏三杰的贡献，奠定了我国竹艺的历史地位。

朱鹤，字子鸣，号松邻。其通古篆、善刻印、工书法、精绘画。早年受聘于松江巨族陆深门下坐馆。刻竹善以笔法运刀，善于运用镂空、深刻和透雕法，洼隆浅深，可五、六层，为他人所不及。他的作品，为“世人宝之，几于法物，得其器者，不以器名，直名之曰朱松邻云”。如有人诗云：“玉人云宾堆鸦处，斜插朱松邻一枝。”他的作品受到了乾隆皇帝的欣赏，御笔题他的“西园雅集笔筒”云：“高技必应托高士，传形莫若善传神。”朱松邻的主要作品有“松鹤笔筒”、“山水臂搁”、“竹罂”、“竹簪叉”、“圆雕佛像”、“西园雅集笔筒”等。

松鹤笔筒 朱松邻作

53 朱小松技臻妙绝

朱缨（1520年—1587年），字清父、清甫，号小松。松邻之子。工小篆及行书，画长于气韵，长卷、小幅各有情趣，擅长诗词，风流洒脱，且貌古神清，品行高洁，拒俗吏之求，却藩王之聘，其志操过人。清人评："能世父业，深得巧思，务求精诣，故其技盖臻妙绝"。朱缨竹刻继承父业深透雕的同时，注重与浅浮雕的结合，配以留青、平雕和镶嵌法，大大丰富了竹刻的表现技巧。表现内容也有很大有拓展，山水、花鸟，无不精绝。作品层次丰富，精细入微。

朱缨竹刻多巧思。他用有疤痕的竹根雕刻蟾蜍，疤痕巧用于蟾蜍的眼睛和疙瘩，尤显天成。清人苏渊赞云："畸人逸士，镂削尺管，随色象类，悉中其窾，鸟欲舒翼，花欲舞风，人则瞪目而衣举，虫则昂股而气雄，始之者小松。"

传世作品有"归去来辞图笔筒"、"竹林七贤笔筒"、"蟠松松鼠盒"、"刘阮入天台山香筒"等。

竹刻 刘阮入天台山香筒 朱小松作

竹根雕 佛手 朱小松作

54 朱三松传神只作萧疏笔

朱稚征，号三松，为松邻之孙，小松之次子。经两代人创造，至三松竹刻技法更臻完美，他融透雕、深雕和浮雕于一体，且精通章法布局。喜以古画为蓝本，迭造盆景。人称：“翦拏数十年，高不盈尺，而且枝木苍老，体势奇古，迭盆山，杂植诸小树，方尺中，冈峦起伏，类非俗手所能仿佛。”所以，他作“八仙醉饮”，人物经营妥然有致，或醉卧酣睡，或互相欢饮，或伸杯索酒。刀法、章法及造型、神情，都能有独到之处。

清嘉庆皇帝称其所刻的笔筒：“传神只作萧疏笔，经久由来以补存。”

传世之作主要有：“饮中八仙笔筒”、“仕女窥简笔筒”、“清溪泛舟笔筒”等。

松邻的作品浑朴，小松则秀雅，至三松更多潇洒，后来居上，青出于蓝。嘉定竹刻，经朱氏三杰接力，越来越走向昌盛。

竹刻 松下高士香筒 朱三松作

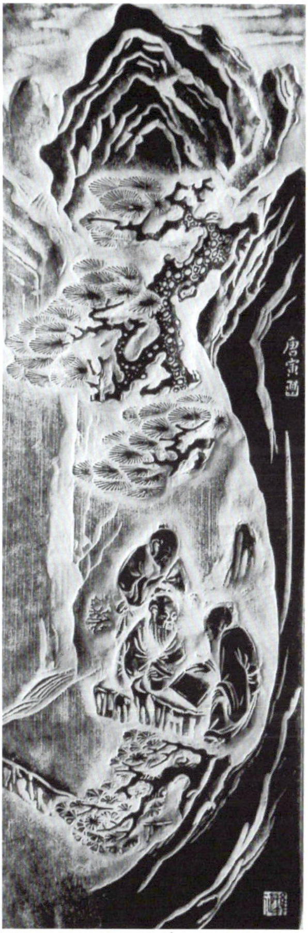

竹刻 松下三老臂搁与拓片 朱三松作

55 嘉定竹刻 名家辈出

构造嘉定竹刻的历史丰碑，除朱氏三杰外，还离不开相继而出的诸多名家，“竹刻至三松而器物愈备，技法愈精，声名愈盛，而学之者愈众”。于是，出现了万星璀璨的局面。嘉定竹刻，自三朱之后主要名家有：

朱稚美，松邻长孙，号万松。与徐允禄、张表、刘维藩三人合称“练川四隐”。

李流芳，字茂宰、长蘅，号香海、泡庵。精书画，为明代“画中九友”之一。书画之余，刻竹自娱，功夫不亚于松邻父子。

侯峤曾，字晋瞻。明末抗清义军首领侯峒曾之族弟，为避乱世而隐居乡间，潜心研究竹刻。

秦一爵，与侯峤曾齐名。

沈大生，字仲旭、禹川。与其兄沈汉川都师承朱三松，其儿沈兼、沈尔望也承袭朱氏，素有“朱沈风流续旧传”之誉。足见沈氏在竹刻史上的地位。

明末清初，嘉定竹刻主要名家有：朱幼芳、王永芳、陈立、庞泰、徐孔文、奎山废人等。均师承朱氏，而能融以己意。

清代早期，嘉定竹刻主要名家有：

吴之璠、朱文友、封氏一门：锡爵、锡禄、锡璋、锡祥及他们的儿女颖谷、始幽、始岐、始镐，堂兄弟姐妹文官、品官、元官、云生等，周乃始、顾珏、吴历、张希黄等。

清代中期，嘉定竹刻主要名家有：周颢、周笠、周煜、徐枢、孙效泉、吴嵩山、浦灿、沈全林、施天章、蔡时敏、贺其吉、张宏裕、邓孚嘉、邓士杰、钱大昕等。

晚清，嘉定竹刻主要名家有：

程庭鹭、程祖庆、陈凝福、赵隽生、唐文炳、周锷、时大经、张学海、孙卫宗、朱渔甫、叶端甫、韩玉、申竹芗、万雅堂、潘松筠等。

嘉定竹刻至清代末年，逐渐衰弱。

竹刻 松溪浴马图笔筒 吴之作

竹刻 山水臂搁与拓片 周颢作

56 金陵竹刻以不事刀斧为奇

明代中期，与嘉定竹刻同时崛起的还有金陵（今南京）竹刻。其风格与嘉定竹刻稍有不同，嘉定竹刻以深刻见长，金陵竹刻则以浅刻和略刻取胜。金陵竹刻的代表人物主要有：李耀，字文甫。据史载："其善雕扇骨，所镌花草皆玲珑有致，亦能刻牙章，为文徵明之长子三桥捉刀。"

濮澄，字仲谦，生于万历十年(1582年)。《太平府志》载："仲谦有巧思，以镂刻名世，一切犀玉竹皿器，经其手即古雅可爱，公卿摹致，一簪一盂，视为至宝。"他的竹刻，善于根据竹的形态，随形施刻，利用竹的盘根错节，以不事刀斧为奇，经手略刮磨，勾勒数刀，便与凡异。

竹刻 春日游乐图香筒 濮澄作

明　竹雕　松树形壶　濮澄作

57 徽州竹刻不署款

徽州地处皖南，辖歙、黟、休、绩、祁、婺六县。明清期间徽州的篆刻、版刻、琢砚、制墨、砖刻、木雕都著称于世，故徽州有“雕刻艺术之乡”的美名。随着嘉定、金陵两地竹刻兴起，徽州竹刻也就很快显名于世。徽州竹刻名家主要有：吴元满，字敬甫，明歙县人。好六书，著有《六书正义》，故其竹刻多三代及秦汉鼎彝碑铭文字。

李希乔，字迁于，号石鹿山人。清初歙县人。能画竹石，工篆刻，精书法，竹刻清妙如写生。

方洁，字矩平，号治庵。清道光时歙县人。善绘画，更精写生。《民国歙县志人物》载：“其刻竹尤为绝技。善刻人肖像于竹臂阁或笔筒。以其技遨游吴越间。尝为释六舟达受作庐山行脚图像，须眉毕现。又为阮元作八十岁像更佳。”

张立夫，清道咸间歙县虬村人以雕版刻漆为业，兼通书法竹刻。黄宾虹于《四巧工传》中称：“立夫不惟精刻，而又兼通书法。其字画波磔，神采飞动，无不如意。出其余暇，镌竹杖笔格诸铭，人尤珍之。”

程文在，字郁卿，号桐月轩主人。清末休宁人。精刻印，兼竹刻。善人物山水，经营气势恢宏。

徽州竹刻，虽显名于世，但作者都不署款，生不有表彰，故世稍久，便淹没无闻。同时，由于版刻、砖刻、砚刻的名声过盛，在一定程度上也影响了竹刻的声望。

安徽竹刻 教坊伎乐图笔筒

安徽竹刻 古铭文字诗笔筒 吴元满作

安徽竹刻 人物臂搁

安徽竹刻 西厢记人物笔筒

58 支慈庵竹刻艺术

支慈庵（1904年—1974年），名谦，又名南村，别署染香馆主。江苏吴县人。少年时毕业于县立东区中学第一校。幼年即喜爱摹印，刻意研习，仿秦汉印章，无不奏刀自如。1919年后居上海，在姐夫张瑞芝（竹刻、金石家）的碑帖店当学徒，后留店内，专刻印章和竹。1927年自立门户，遇收藏家李祖韩得见其所藏竹刻甚多，便与李共同研习竹刻，不分寒暑。后承周鸿孙等的指导，均约其摹刻金石书画，无不惬意。暇则喜临宋元真迹，技艺日进。后又受益于褚德彝、赵叔孺、黄葆戊，至若张大千、张石园、吴湖帆等，咸乐于为友。

五十年代中叶起一直在上海工艺美术研究所从事竹刻研究。主要作品有：“并蒂莲挂屏”、“金文臂搁”、“留青骏马臂搁”、“汉石经文扇骨”、“蒲塘清趣”、“蚕叶图臂搁”等。“蒲塘清趣”、“蚕叶图臂搁”，正面为留青法刻荷塘景色，花蕊上有幼蜓点足，背面的竹簧部分为浅浮雕刻桑叶银蚕，叶面啮孔累累，惟妙惟肖。“汉石经文扇骨”，共细刻1000余小字，字迹清晰，刀法流畅。他的弟子有方锦霞、杜杏妹。

竹刻 古泉十五种臂搁
支慈庵作

竹刻 和平颂挂屏
支慈庵作

翻簧竹刻 天香满天粉蝶舞立屏 支慈庵作

竹刻 园蔬摆件 支慈庵作

59 徐素白竹刻艺术

徐素白（1909年—1975年），字根泉，号晓钟。江苏常熟武进人。出身贫寒，17岁只身至上海，在豫园俞宏记扇庄学艺，主刻扇骨，兼学绘画。后受聘于上海璧寿轩书画店。期间得到冯超然提携和推荐，与上海书画名家江寒汀、钱瘦铁、唐云、白蕉、邓散木、马公愚等密切交往，数十年间，竹刻逾千件，不少精品、极品被国家级博物馆收藏。

徐素白竹刻极为细腻，善于在薄薄的竹的表面上用功夫，运用阴阳并蓄的刀法产生丰富的层次感。所作蜻蜓和鸣蝉，不仅能将翅翼的脉络表现得栩栩如生，而且能透过两翼把身体也表现得若隐若现，这是超越前人的独创。又善以不同的刀法表现不同画家的画风，同是刻荷叶，江寒汀写实，他便采取精雕细刻的刀法，唐云写意，他则采取大写意似的刀法。出版有《徐素白竹刻集》，收入不同时期的作品100余件。在徐素白的影响下，次子秉言、三子秉方和其孙辈竹刻也卓有成效，在武进地区竹刻已成气候，祖籍武进市鸣凤镇已成为“竹刻之乡”。

竹刻 喜鹊梅花 徐素白作

竹刻 海棠小鸡 徐素白作

竹刻 梅花臂搁 徐素白作

60 徐孝穆竹刻艺术

徐孝穆（1916年—1999年），名文熙，江苏武进县黎里镇人，为南社祭酒柳亚子的外甥。8岁起习治印，10岁学竹刻，后又刻砚和紫砂壶。长期定居于上海，在新华艺专就读时，得汪亚尘等指导。竹刻追摹明代三朱，初期竹刻以刻柳亚子书为多，后及其他。吴作人、蒋兆和、沈尹默、唐云、白蕉等数十位名家都为其竹刻作书画。孝穆竹刻专攻浅刻法，融书法、绘画、雕刻于一炉，善于保持原作的干湿、浓淡、色彩、墨韵等特征。在他的作品中，朱屺瞻用笔的老辣、关良戏剧画的拙趣、叶浅予舞蹈的多姿，都能得到充分的体现。郑逸梅称："不必见款，人们一望而知这是某名家的书和某名家的画，一无爽失。"老舍称："有虚有实，亦柔亦刚。"

徐孝穆斋名多而有趣。因居进贤路，柳亚子题匾："进贤楼"，后居万航渡路，吴作人题匾："万航楼"，因居楼的十二层，赖少其题："凭栏阁"，因先刻竹后刻石，自题："竹石斋"。撰有《刻余随笔》，出版有《徐孝穆竹刻》。徐孝穆长期于上海博物馆工作，从事文物保管和科研工作。

竹刻 金鱼 徐孝穆作

徐孝穆竹刻猫菊

徐孝穆竹刻书法

徐孝穆竹雕人物

徐孝穆竹刻花卉

61 留青竹刻不类刻画

留青竹刻，又称皮雕，它是在竹面的青筠上作浅浮雕的技法。因作品雕成之后，最凸出的部分保留竹面的青筠，故名留青。竹青与竹肌，质地不同，色泽也有差异。随着时间的推移，两者的色泽差异更扩大，竹肌的颜色会越来越深，这有助于产生深浅不同的层次感。

以刻留青称著的有明末清初的张希黄，他作的留青山水楼阁，如同界画，即使是几毫米的人物，也能生动传神。李葆恂《旧学庵笔记》载：张希黄所作留青山水臂搁，“凡云气、夕阳、炊烟，皆就竹皮之色为之。妙造自然，不类刻画。”清代中期的尚勋也善留青竹刻。尚勋之作，以近景见长，景物简洁，突出神态细腻的主体人物。20 世纪中叶，聚居上海的竹刻家金西崖、支慈庵、徐素白等，也都在留青竹刻方面作出积极的贡献。

留青竹刻　桐荫煮茗图笔筒
尚勋作

留青竹刻 柳鸟荷花臂搁
徐素白作

留青竹刻 山水楼阁竹筒
张希黄作

62 写实的竹根圆雕

竹根雕，是以竹的地下茎为材料，经雕刻而成的工艺品。

竹的地下茎有两种基本类型：

一类是合轴型或称粗短型。其地下茎粗短，呈纺缍状，略带弯势，其直径大于长出地面的竹杆，节紧密而心实。大的竹根直径可达30厘米以上，是理想的圆雕材料。

另一类是单轴型或称细长型，其直径小于由它生长出的竹杆，通常称之为竹鞭。此种材料适宜于作小件竹根雕，如烟嘴之类竹根雕盛于清代康熙、乾隆时，最著名的为嘉定封氏一门。封氏兄弟锡爵、锡禄、锡璋、锡祥及他们的儿女颖谷、始幽、始岐、始镐，尚有亲戚文官、品官、元官、云生等，皆以竹刻见长，专以奇峭生新为主。竹雕人物，尤以锡禄的成就最为杰出，所作梵僧、佛像、仙翁、天女都超凡脱俗。锡禄、锡璋及始岐、始镐一家两代都先后在清宫养心殿造办处当差。

师承封锡禄，竹根雕一时无二的还有施天章。施天章（1702年—1777年），字焕文。他雕刻的竹根人物，手足之位置，衣服之潇洒，面目之神理，皆极生动，老则鸡皮鹤发，胁肋之骨，结喉露齿，悉可指数，笑语喜愠，若有声音。竹根佛手雕，作真人五指表现，曲折伸展，富有神态。

所以，这里所指的竹根雕函义，并非是巧藉天成，保持天然外形的一般根艺雕刻。而是以竹根为材料的写实圆雕。

清 竹根雕 罗汉 封锡禄作

明 竹根雕 罗汉

明 竹根雕 狮

63 平整光洁的翻簧竹刻

竹的内层称竹簧，利用竹簧进行雕刻，即称翻簧。将竹去节去青，取薄层的竹簧，经过煮、晒和压平后，胶合或镶嵌在木胎上，然后加以打磨抛光，便可在其上镌刻山水、人物和花鸟图案。因竹簧需贴在木胎上，所以又称贴簧。

经打磨的竹簧，色泽柔和光润，具有象牙般的韵味，所以倍受喜爱。由于通过翻簧，便可获得最大平面的竹刻材料，加上其平整光洁。同时还可随木胎的造型制作各种形状的器皿。所以翻簧是制作屏、盒、罐的理想材料。清代竹刻家时大经、孙卫宗等为翻簧工艺作出了重要贡献。

竹簧工艺品的主要产地有：浙江黄岩、湖南邵阳、四川江安等地。

清 贴簧炕几式座文具盒

清 贴簧两撞方胜盒

清 贴簧提梁小柜

64 竹刻形式不拘一格

清代中期，竹刻家周颢为人和蔼可亲，对于贫困的人总是乐善好施。有一次，在街上遇到一个乞丐，见其手持竹杖光润坚老，于是便席地而坐雕刻起来，当即竹杖被人高价买去。受益的乞丐感激不尽。从这个故事中，我们了解到竹刻的形式并没有严格的限制，凡是生活中竹制品几乎都可施以雕刻。竹刻这一特点，为竹刻家提供了广阔的用武之地。

“书画寿杖”，潘行庸刻。潘行庸（1886年—1961年），字味庵，号郯。自幼学艺，工刻小楷，摹仿古本非常逼真。寿杖上刻有“菊石图”和“寿桃图”，篆隶“福寿”、“增岁”等字款。一支普普通通的竹杆，一经竹刻家的劳作，就成为珍贵的艺术品，在当时体现了晚辈的一份孝心。几年前，青年竹刻家张伟忠在上海化了3000元购得收藏。

线夹版，是普通得再也没法普通的绕线工具，然而经过雕刻家的雕刻之后也就成了艺术收藏品。

安徽竹刻 山水线夹板

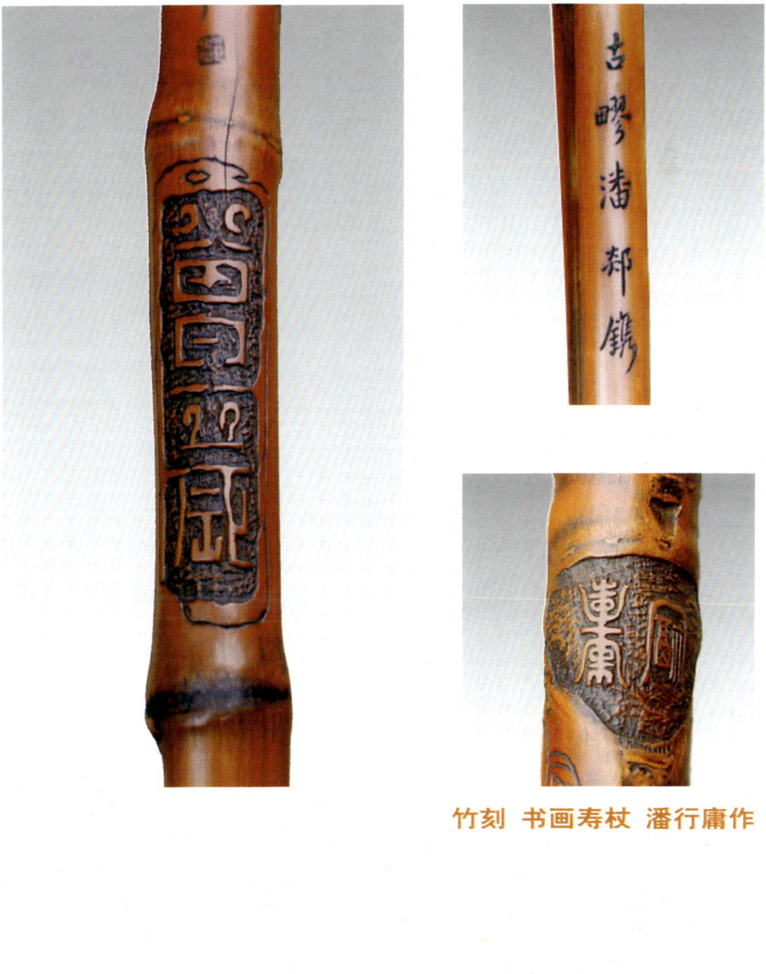

竹刻 书画寿杖 潘行庸作

65 闲情雕刻多奇趣

查阅历史上竹木雕刻，有许多作品并非是专业的作者之所为，而是出自文人、医生或画家之手，是业余的一种爱好。这不仅为人们的业余生活增添了情趣，也使竹木雕刻向多元化发展，更可贵的是多了一分文人气息而少了一分匠气。通过自己动手，也有利于提高对有关的收藏物品的鉴赏能力。

笔者也曾竹刻，最为自珍的是竹刻白蕉先生书毛主席词《卜算子·咏梅》臂搁。青年时我曾从事木雕刻工作多年，60年代初，拜白蕉先生为师学习书法。先生常为竹刻家作书画，有一次我也请先生书写了两件毛主席的词。于是我运用刻木雕的技法试习刻竹，同时向支慈庵先生求教刻竹的要令。竹刻家支慈庵先生因与我同事，便向他求教刻竹的要令，遇到问题又可得到他的指点。经过一番练习之后，才开始刻白蕉先生写的臂搁。这样经过好长一段时间的摸索，终于刻成了。虽然没有竹刻家所作的那样神韵精到，但体现了师生的友情，体现了我的从艺经历等诸多内涵，所以自己也就越发觉得珍贵了。

在收藏活动中，自己参与一些有关的制作活动，更能自娱自乐。有的并因此成为这一品类的艺术家。

竹刻 书法臂搁 汤兆基作

66 竹刻拓片

拓片，是用纸将竹刻书画拓下来的美术品。这种方法原已普遍应用于拓取碑刻、画像砖、陶器、玉器、青铜器等画面。

在影印技术还没有产生之前，拓片起到了复制和传播作用。一件好的竹刻作品，为人所珍藏，一般情况下他人是难以见识的。为了使其能广泛传播，于是人们就创造了拓片的方法，让作品上的书画转移到纸面上来，这样从纸面上就能欣赏到原作的基本效果，用拓片的方法，可以使一件作品化为几幅、几十幅甚至几百幅，实现广泛传播。由于拓片具有其独特的艺术效果，所以在影印发达的今天，依然有其不可取代的作用。

用于竹刻的拓片方法基本有两种，乌金拓和蝉翼拓。

乌金拓，墨色厚重，黑白反差强烈，且有乌金般的光亮晶莹，故名。竹刻书法小字等，用乌金拓，能充分显示笔迹的清晰和光彩。

蝉翼拓，又称蝉衣拓。黑色淡雅，含蓄蕴藉，具有蝉翼般的薄透感，故名。用蝉翼拓，墨色变化微妙，富有韵味，有利于拓出竹刻画面的层次变化。所以竹刻较多地采取蝉翼拓。

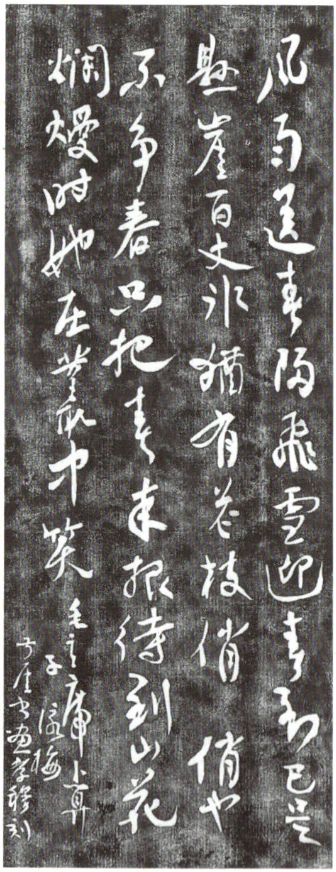

竹刻书法 徐孝穆作

竹刻梅花拓片 徐孝穆作

竹刻松鼠拓片 张秦中作

67 巧拟须发竹根雕

竹根雕，是充分利用竹根的根须、根节的一种雕刻。竹根密而坚，可以用作表现人的头发和胡须。如张德和创作的“钟馗”、“张飞”，以竹根的根须表现须发，达到了巧藉天成的艺术效果。

青年竹刻家陈春荣创作的“达摩邃悟”也充分体现了根雕的艺术特色。陈春荣，生于1974年，浙江象山人。1988年从师学习竹刻，1997年创作的这尊达摩，在中国根艺博览会获金奖。

竹根雕 达摩邃悟 陈春荣作

竹根雕 张飞 张德和作

竹根雕 钟馗 张德和作

68 世界名人竹根雕

竹根寿山石镶嵌“罗汉”，高10公分，宽9公分，这是竹根人像雕刻家张克创作的。

张克，1923年生，上海市人。自幼酷爱艺术。他是一位参加革命多年的老干部，1944年参加浙东抗日游击纵队，长期从事部队宣传工作，1983年在中共上海市委党校离休。

一次偶然的机会，他为一位老同志做竹手杖，在清理根须的时候，突然发现主根像一个老人的头像，于是就稍加雕刻，竟然成一个哥萨克老兵的头像。从此他就开始了刻苦钻研竹根雕。经过几年的努力，所作的头像已不再满足刻一般的罗汉等，而专刻世界名人，如俄国的作家列夫·托尔斯泰、英国作家狄更斯、法国作家雨果、丹麦戏剧家易卜生、波兰诗人密支凯维奇、苏联文学家高尔基、匈牙利音乐家李斯特、丹麦童话文学家安徒生，并已形成鲜明的特征。因为是世界名人就必须形神兼备，为此，他收藏大量印有名人的世界邮票。

他刻的是小型的根雕，头像的直径仅3－5公分，而五官有的仅为黄豆大小，这就增加了雕刻的难度。作品的座子不流俗套，有青田石的，有红木的，刻醉老头配的是古色古香的酒瓶。次外，他现完成“醉翁百态”、“水浒一O八将”成套作品等。

根雕 法国作家雨果 张克作

根雕 罗汉 张克作

根雕 匈牙利音乐家李斯特 张克作

69 竹根印章寄情志

竹根，还常被用于刻章，为篆刻艺术增添了一份质朴的情趣。刻印是我国传统艺术，始于春秋战国，至秦汉进入全盛时期，当时的印章所用材料主要是铜与玉。自明代王冕始用花乳石治印，从此士林称便，刻印便在文人间普及。印章除了上述的用料之外，还有用牙角和竹木的。康熙时竹刻家杨褒，年轻时就好书画杂艺，家贫不克卒业，乃创为竹章篆刻以谋养亲。《练川画征录》载："竹根作印自褒始。"褒之子杨谦亦善竹章。

清代著名书画家郑板桥，长期与竹相伴，爱竹、画竹，连他所用的印章也是用竹根作为材料的。他常用的有两方竹章，一方是白文"修竹我庐"，为篆刻家丁丽中所刻，见边款"南通州丁丽中号个道人刻"。另一方朱文"鸡犬图书共一船"竹根章，为篆刻家王涛所刻，见边款"鸡犬图书共一家，又山王涛刻"。这两方竹根印章不仅体现了郑板桥与篆刻家之间的友情，更能从中感悟到他以竹自喻，表达他坚韧不拔和高风亮节的情愫。

清　竹根章篆刻　丁丽中作

清 竹根章 丁卯印

清 竹根章 香林印

70 竹编工艺

竹编，是以细如发的篾丝，薄如纸的篾片编织加工成的工艺品。竹编工艺在史前已相当成熟，浙江钱山漾良渚文化遗址中出土有200余件竹编器物。战国湖北楚墓出土的竹编扇子，扇面由细篾编织成精细的矩形图案。东晋时浙江嵊县竹编已有“篾短秋翼蝉”的记载。

竹编以它的优美的造型，细腻的编织，绚丽的色彩，实用和观赏的结合，而赢得国内外收藏者的珍爱。竹编从原料到成品，需要经过选料、劈篾、编织、包装等过程，有的还需木雕和金属镶嵌。竹编造型能力强，除了可制成篮、盒、罐、盘、屏风等日用品之外，还可塑造人物和动物的形象。竹编能成为珍贵的收藏品，一个重要的原因是编织精美，堪称一绝。竹的编织工艺方法多样，有挑压、花栋、窜丝、插丝、龟背、花块、弹花、夹口、打束、缠股、结边、平板、扁篾等一百多种。同一种方法，又可以分解为多种变化，如弹花，有人字与雀尾的区别。竹编的密度也使人叹为观止，在3厘米见方的面积内，能织到近100多根篾丝。以细密取胜的有四川自贡的“竹丝扇”。竹丝扇，又称“龚扇”。它由清末艺人龚爵五所创，后继者龚玉文，是国家级工艺美术大师。龚扇，因由龚氏家族代代相传，故名。龚扇以慈竹为原料，竹篾细如发丝，仅有0.002厘米，编织时不能有一丝微风，须在三方用布幔围住的情况下才能进行。编织成的竹面如同锦缎一般。

四川自贡竹编　龚扇

四川渠县竹编 虎啸图台屏

71 竹编书画

宋代的时候，竹编已普遍用于门帘、窗帘，主要产于四川梁平。精密的竹帘，在尺距之间也有1000根左右。

在制作竹帘的基础上饰以书画，便产生了书画竹编，现已有“四条屏”、“屏风”、“通景屏”、“帐檐”、“对联”等百余种，竹编绘画有山水、花鸟和人物。现又从单面的书画发展成双面编台屏。

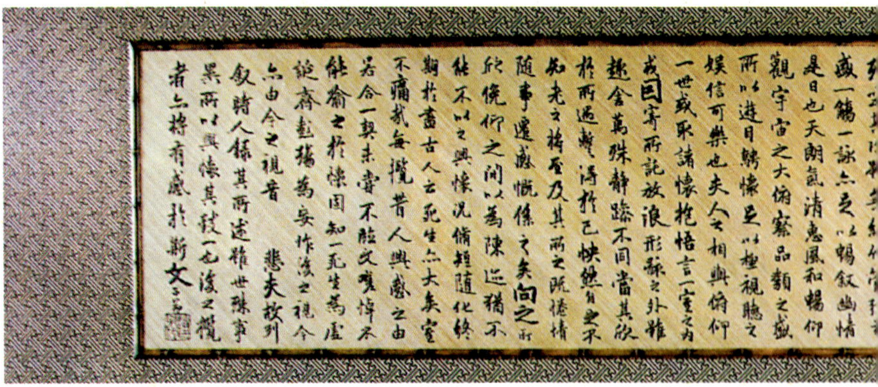

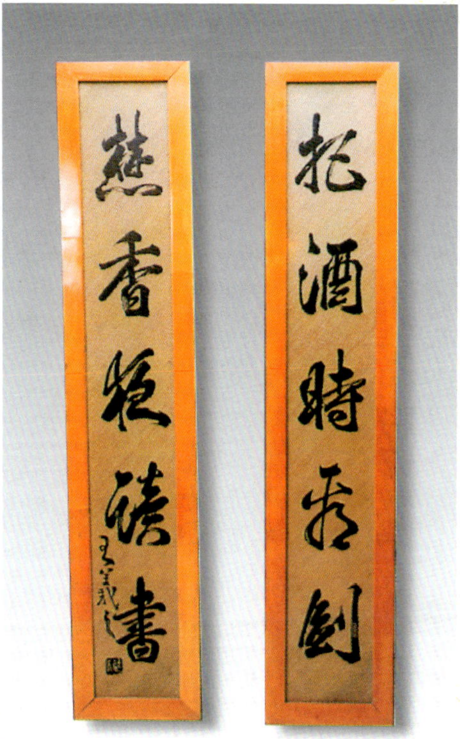

四川渠县竹编　字对

浙江东阳竹编　兰亭序

72 竹编提篮

竹编工艺提篮，是一种实用品，可用于藏书籍、衣服，也可用于存放食品、水果。有长方形、椭圆形、八角形、因大多是层层套叠的，故又称塔篮、脱篮、托篮。

竹编的纺织是非常精细的，在3厘米的宽度内可排列120余根的篾丝。周框以粗篾，粗细有致富有节奏感。除此之外，竹编工艺篮还施以上漆、绘画和雕刻。大的提篮，如两层、三层的，为了不使其脱散，用黄铜片包裹加固，有的在顶盖上装有铜锁。铜片的吉祥图案精细优美，安装在漆有红漆或黑漆的提梁上，显得特别的庄重典雅。

竹编工艺篮流行于明清时期，盛产于浙江等地，收藏走俏的提篮，有各式的香篮、食篮、考篮、挈篮、套篮、鞋篮和烟篮等。

竹编工艺篮

清 三节提篮

73 竹编造型

竹编可作人物、动物和仿古建筑等造型。竹编造型，始于本世纪60年代，由浙江中国工艺美术大师俞樟根创造，先是编织动物，然后涉及其他。竹编造型时，先需制成木胎模和布胎模，然后依照胎模编织。

竹编的动物常见的有长颈鹿、斗牛、牛斗虎、大象和各种禽鸟。最大的竹编动物为大象，竹编象长2.8米，高1.8米。竹编鸟禽，采取篾片弹插工艺表现飞禽的硬翼。

浙江嵊州竹编　大龙舟

浙江东阳竹编 鼎

浙江东阳竹编 渔翁

74 丰富多彩的葫芦工艺品

葫芦为一年生缠绕草本植物，蔓长可达10米，葫芦成熟后果皮成木质，可加工各种工艺美术品。

葫芦在我国的种植时间相当久远。据浙江河姆渡原始社会遗址中的考古发掘，在7000多年前，我们的先人已种植葫芦。甲骨文中已有“壶”字，用葫芦作为盛水的用具要早于陶器和青铜器。

葫芦有“济世之功”。《农书》谈到：“匏之为用甚广，大者可煮作素羹，可和肉作荤羹，可蜜煎作果，可削条作干。小者可作盒盏，长柄者可作喷壶，亚腰者可盛药饵，苦者可治病”。又谈到“瓠之为物也，累然而生，食之无穷，烹饪咸宜，最为佳蔬。种得其法，则其实大硕。小之为壶杓，大之为盆盎，肤瓤可以喂猪，犀瓣可以灌烛，举无弃材，济世之功大矣。”葫芦古称壶、匏、瓠，至唐代始泛称葫芦。但因形态的不同，名称也可有别。《本草纲目》称：“后世以长如越瓜，首尾如一者为瓠，瓠之一头有腹，长柄者为悬瓠，无柄而圆大形扁者为匏，匏之有短柄大腹者为壶，壶之细腰者为蒲芦。”葫芦亦称壶卢。

经过加工之后，不仅葫芦的表面可以产生繁复的图案，而且可以改变葫芦的形态。葫芦制成的工艺品数以百计，碗、盆、瓶、壶、盂、盒、罐、炉等，可作日用、装药、盛烟、饲虫，也可做单纯的观赏的摆件。

葫芦工艺品的制作手法很多，主要有刀刻、针刻、绳扎、范制、火画和押花等。

清 乾隆 黄六棱小鼻烟壶

清 康熙 番莲纹蒜头瓶

清 康熙 番莲纹蒜头瓶

75 游刃有余的刀刻葫芦

刀刻葫芦，基本可分为两类，一类是山东刀刻单肚葫芦，一类是刀刻书画葫芦。

山东刀刻单肚葫芦，选用的是无柄葫芦，先将其染成红色，然后施刻。花纹均为以线刻、点刻组成的图案。刀法流畅，线条飞动，具有粗狂醇朴的天趣。山东刀刻单肚葫芦是一种普及型的日用品，如饲养蝈蝈的虫具、供孩儿游戏的玩具，也可用作牲畜的扎嘴。

刀刻书画葫芦，是运用刀具在葫芦上刻出各种书画。因为葫芦壳薄，又因其表面坚韧光润，内层则较松，表层刻去以后无法再取得原有的光润效果，故而刀刻书画葫芦都采取以线为主的阴刻法，即将书画部分刻去。善竹刻者施刻书画葫芦，则游刃有余，体现极强的表现力，无论是山水、花鸟、人物，还是正、草、篆、隶各体书法，都可以通过浅刻得到淋漓尽致的表现。于是，就很自然地构成书画名家与葫芦雕刻家的合作。先由名家在葫芦上作书画，然后由葫芦雕刻家运用浅刻法加以完成，这样珠联璧合无疑是葫芦雕中最具艺术性、最具收藏价值的一类。同时，也可由书画家自画自书自刻，其乐融融，若书、画、刻俱佳者，更为难得。

刀刻葫芦是也有透雕的，如作花熏等，但这不是主要的。

书刻葫芦虫具 汤兆基作

天然葫芦 汤兆基书画并刻

76 细微的针刻葫芦

针刻葫芦，就是以针尖在葫芦上刻划表现各种图案。针刻葫芦主要流行于甘肃兰州等地。

针刻葫芦采取的是圆球状的小型葫芦，所刻文字图案精微。其格局图案性强，较多的是以环形图案作顶部和底部的纹饰，腹部以直线作均等分割，便构成若干画面空间，其间或刻画、或刻书，也有针刻书画并茂的。针刻葫芦始于清代末年。据《皋兰县志》载，清光绪十八年（1892年）王鸿平，首先在带皮的葫芦上镌刻戏剧脸谱。

自1914年起，因官场上这类工艺品当作礼品而引起人们的注意。清末秀才李文斋，在本世纪二、三十年代以刻葫芦度日。他在寸许的葫芦上一面刻醉八仙，一面刻苏东坡赤壁赋，形成了完美的针刻葫芦工艺。

针刻葫芦中的精品，属微雕一类。针刻葫芦的珍品使人叹为观止，如3件仅在直径1厘米的葫芦上分别刻有："唐诗桃源行"、"赤壁夜游图"、"饮中八仙歌"。又如直径4.3厘米的葫芦刻有150个儿童的"婴戏图"、直径5厘米的葫芦上分别刻有204首唐诗、120幅的"敦煌飞天伎乐"。细小的文字绘画，需用放大镜才能看清其点划。著名的针刻葫芦家有阮光宇、阮文辉、王德山、陈唯等。

陈唯 三英战吕布

针刻书法

十八罗汉

三顾茅庐

77 简繁不同的范制葫芦

范制葫芦，又称模子葫芦、范匏，就是以范迫使葫芦依照人的意愿生长成形。

范制葫芦的方法，是将幼小的葫芦，纳入刻有阴纹的范模之中，随着葫芦的长大，逐渐填实范模中空间，待葫芦木质化后取出，范模的阴刻图文便在葫芦上作阳纹显示出来。

关于范制葫芦始于何时，商承祚曾有楚匏纳管长成之说。商承祚《长沙古物见闻记》的《楚匏》中谈到："二十六年，季襄得匏一，出楚墓，通高二十八公分，下器高约十公分，截用葫芦之下半，前有斜曲孔六，吹管径约二公分，亦为匏质。口与匏衔接处，以丝麻缠绕而后漆之。六孔当日必有璜管，非出土散佚则腐烂。吹管亦匏质，当纳幼葫芦于竹管中，长成取用。"范制葫芦最早的实物，见于中国传入日本的法隆寺藏品唐代"八臣瓢"。"八臣瓢"，原为明治间进奉宫中的御物。明谢肇淛在《五杂俎》中谈到："余于市场剧中见葫芦多有方者，又有突起成字为一首诗者。盖生时夹板夹使然，不足异。"表明范制葫芦在明代万历年间已很普遍了。

范制葫芦有简有繁，根据范制简繁的不同，可分为以下这几种：

夹范：仅以两片木板将幼葫芦夹起来，长成后的葫芦呈扁形，这是最简易的范制葫芦；

素范：范模光素无纹，仅求葫芦的整体造型的变化，但对造型的要求非常高，轮廓线条的曲直长短的不同，却体现了器物的艺术性的高下；

花范：范模刻成各种图文的形态，葫芦通过花范培育，便可获得各种人物、花卉、鱼虫、山水图案、文字及各种造型的器物。"日光月明"（高10厘米，口径7厘米）、"九狮图"（高12厘米，口径6厘米，红木口盖）、"麒麟送子"（高5厘米，口径7厘米）葫芦虫具，均为茹柏平用花范制成。

花范葫芦制成的品种最多，也最精美，如碗、盆、笔筒、鼻烟壶、摆件及蓄虫具等可达数十种。

范制葫芦 日光月明

范制葫芦 麒麟送子

78 雕刻精致的木胎葫芦范模

范制葫芦施雕于阳纹木胎，木胎又称“撞”。如雕刻成木阴模，即可将嫩匏纳入。雕刻成的阳纹木胎需先用陶泥翻制成阴模，然后放入窑中烧制成陶范模具。雕刻木胎十分费功夫，通过翻制工艺便可以使一个木胎产生出一批模具。同时，雕刻阳模也较雕刻阴模方便，并能取得更好的艺术效果，所以采取这种方法有利于范制葫芦的提高和普及。

由于范模雕刻精致，制作精良，极富艺术性。同时，范模又是匏器文化的直接体现，所以雕刻精致的阳模或阴模也都具有极高的收藏价值，有的范模制作的名家也是载入史册人物，所以名家制作的范模一直受世人注目。

范制葫芦的艺术性首先取决于木胎雕制的好坏。雕刻木胎取用梨木、枣木等质地细密易于精雕的木料，阳模可由四条、六条或八条木块拼成，中间由抽条木加以固定，这样翻成陶范时取出木条就极其方便地解开阴模，且不会损坏陶坯。模心木条拼合严密，长出的葫芦就不会露出拼缝。葫芦图案、文字就雕刻在木制的阳模上，如道光官模风雨归舟图蝈蝈葫芦阳纹木胎，画面表现的是八角鼓子弟书中“风雨归舟”的情节。作品将骤雨狂风形势刻划得非常成功：撑伞者踠蹬，撑篙者斜立，左右开张，树木与芦苇向一方倾斜，下部则白浪滔滔，方寸中展示了惊心动魄的场面。如此精致的阳模自然是难以觅得的珍品。

风雨归舟模心

凤仪亭范模

79 髹漆后的葫芦阴模成了摆件

范制葫芦的阴模，本是作为培养模子葫芦的范具，如道光官模“凤仪亭图葫芦”阴模培育出了相应的蝈蝈虫具。作品题材取于三国故事，凤仪亭前吕布与貂禅携手而行，与此眷恋之情形成强烈对比的是，假山后的董卓持戟来寻，怒不可遏。构图紧凑，情节跌宕。“凤仪亭葫芦”虫具，自然成了人们的珍藏玩物，与此同时雕刻精美的阴模也成了不可多得的收藏珍品。

阴模雕制困难，雕刻精良的更加难得。官模中的阴模，人们倍加珍惜。官模子“凤仪亭阴纹蝈蝈葫芦”，原为四瓣，经粘合后成两块，外髹黑漆，并作彩油精绘花朵枝蔓，于是就成为精美而别致的摆件。

官模 凤仪亭阴纹蝈蝈葫芦

官模 凤仪亭阴纹蝈蝈葫芦阴模

80 颇具匠心的绳扎葫芦

绳扎葫芦，又称绳结葫芦、挽结葫芦、勒扎葫芦、勒花葫芦，就是先用绳索结成网袋，然后套在幼葫芦上，葫芦长大时因受绳索的障碍而产生深陷凹痕，于是葫芦上就留下网袋的图案。

依靠绳索的强力勒扎，还可产生畸异形态的葫芦。

经绳扎法造型的葫芦，可制成揉手、呼鸟、鼻烟及摆件。揉手，即健身球，两个大小相等的揉手，通过在手中盘转，达到活胳筋骨的作用。呼鸟，为训鸟的工具，壶内盛砂石，摇动时能发出声响，以此呼唤受训的鸟雀。晚清时，有用绳扎使单肚葫芦产生棱形网状勒纹的呼鸟器，其高仅4厘米。器物虽小，却具匠心，博得大收藏鉴赏家王世襄的关注，在他的《中国葫芦》中，对此作了详细的介绍：“葫芦与揉手者同，中贯骨轴，一端留柄，状如擘臂握拳，小巧可持以两指，颇具匠心。中贮砂粒，摇之有声，盖用以呼鸟者。京人喜养交嘴、祝顶红、老西子等山禽，可使其开箱衔旗，叼八封盒等，皆如人意，《燕京岁时记》已有记载。驯鸟时随摇葫芦随饲以苏子，狎熟后闻声即落人掌上。”

绳扎亚腰葫芦

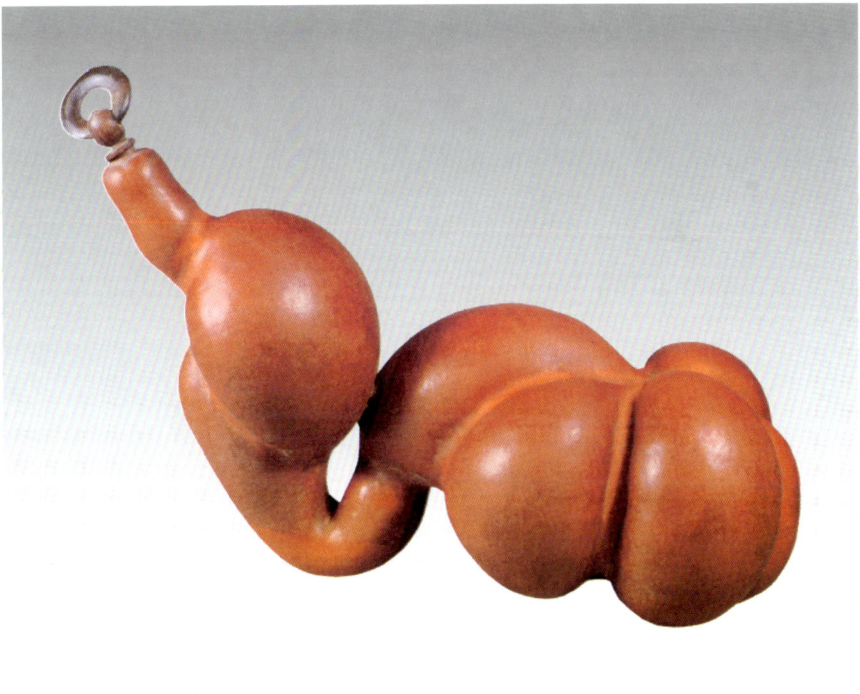

绳扎凫形葫芦

81 火画葫芦笔墨韵

火画，又称烙画、火绘、火笔和烫花。火画是以烙痕代替笔墨，在葫芦的表面作书画。

火画葫芦工具和材料主要是粗香和钢针。烙画用的火针，由自行车条制成，有尖、圆、扁等不同的形态和大小。烙画时将针插入较粗的香中，然后将香点燃，经熏烧的火针在葫芦上描绘时，葫芦的表层便产生焦黄的烙痕。时间的长短和按顿轻重的不同，产生的烙痕也随之有粗细、浓淡的变化。铁针可按需要更换，这样就可以像使用毛笔那样在葫芦上作画。火画葫芦也可用电烙铁进行。

火画葫芦产生于清代咸丰、同治年间。当时以火画出名的有北京的白二，人称“白老头儿”，设摊于隆德寺，所作火画葫芦，景物简约不繁。其子白文三亦善火画，精致工细超过乃翁，而率意之趣不及。民国初年，北京崇文门外的北深沟“仁义堂”店铺中的牙雕家李润三也善火画。他长于用低温烘针，徐徐烘出，画面气韵生动，宛如水墨画。另有溥伒，为清代宗室载瀛贝勒之子，工绘事，所作火画葫芦花枝交汇，石上幽禽，富有恽南田笔意。管平，父为名画家念慈，自幼习画，工仕女花卉，精通诸艺，火画葫芦也不同凡响。现代火画的艺术性随着作者绘画技巧的提高，工具和材料的改善，参考资料的丰富而不断提高。

火画葫芦，宜取皮色较淡的新葫芦，这样烙痕的浓淡变化 都能充分地显现出来。如果皮色已为深褐色，那么，烙痕就难以显示。如烙痕过火，损伤了质壳，焦黑的色泽会使画面失去应有的清雅和醇的逸韵。火画葫芦的优劣，犹如书画笔墨。钩勒，则应刚柔相间，放收自如；渲染，则应和润而不失跌宕；气韵，则应生动而无烟火气息；色泽，更需有“干湿浓淡”之妙。如茹柏平作火画葫芦“封神演义”摆件（高约24厘米，上部直径约9.5厘米，下部直径约8厘米）和“猫戏蛙”虫具（高5厘米，口径7厘米）等。由于火候把握得当，可以能取得神韵别具的效果。

火画葫芦不宜盘玩，否则会将烙痕磨损，使画面失去神韵，故火画葫芦大多作摆件。

火画葫芦 封神演义

火画葫芦 鹰击长空

火画葫芦 猫戏蝶

82 立体的押花葫芦

押花葫芦，又称砑花葫芦，就是用坚质纯刃的工具，通过按押在葫芦上产生浮雕般的花纹。

押花工艺不同于一般的雕刻，雕刻是将葫芦的皮质刻去，而押花却没有刻损皮质，纹理的产生并不见丝毫的斧凿痕迹。这是因为葫芦的质地坚而疏，所以用硬器在上面通过押、勒、挤、砑、按等手法，便会产生粗细、深浅不同的凹陷印痕。以这种变化丰富的印痕便可表现各种人物、花卉、走兽和山水。

押花工具，为象牙、牛角、玛瑙等材料制成的钝刃器。其刃也有尖直、斜口和马蹄等不同样式，以适应画面变化的需要。

葫芦押花最早见于《前尘梦影录》所载：“道光中叶有徐某，居城北，用玛瑙厚刀押葫芦阴文。尚见所制有三小儿斗蟋蟀图。册子、凡虫及牵草小儿注视状，一垂髫，一作小髻，一双髡，面目各异；而阳文突起，极勾勒，不见一毫斧凿痕，如天生成花纹者。其盖即用本身之顶，或海棠，或葵花瓣，刀削之稍仄，掩上提携不坠。”

近代砑花大家有天津的陈锦堂，其制情调高雅，多巧思，手法娴熟。选用胎厚的葫芦，用力深砑，图象高突，层次丰富，立体感强，如1923年所押“秋塘游鱼图葫芦”。后人仿陈锦堂的很多，如“菊石图”押花葫芦（作品高13.5厘米，口径4厘米，红木盖，蒙心镶玳瑁）。

继陈锦堂之后，砑花大家有师本放。师本放不仅全面继承了前人砑花技巧，而且又有自己的风格。因师氏有扎实的绘画基础和雕塑技巧，故所砑作品不拘泥于古人。

押花葫芦 秋塘游鱼图 陈锦堂作

押花葫芦 仿陈锦堂菊石图

83 结扎成“仙壶”

结扎葫芦，即长柄葫芦在其幼嫩的时候将柄绕扎成结的形态，产生特殊的造型。这种葫芦的结扎，又称挽结、系扣。

明谢肇淛的《五杂俎》已提到这种结扎葫芦：“最后于闽中见一葫芦甚长，而拗其颈，结之若绳状。此物甚脆，而蔓系于树，腹又甚大，不知何以能结之也。或云以烧酒沃之，则软而可结。山东亦尝见之，但长颈者另一种耳。”

明代的《群芳谱》中记载了结扎葫芦的方法：“如欲将长颈打结，侍葫芦生成，趁嫩时将其根下土挖去一边，即轻劈开根头，入巴豆肉一粒在根里，仍将土掩其根，俟二三日，通根藤叶俱软弊欲死，即任意将葫芦结或绦环等式，仍取去根中巴豆，照旧培浇。过数日，复鲜如故，俟老收之。”

清代时，结扎葫芦已经成为案头清供，并称之为“仙壶”。清徐康《前尘梦影录》载：“仙壶，系长柄葫芦屈曲盘结，人功所造，装潢高供，遂自号‘仙壶’。”结扎葫芦多为长柄，经结扎后长柄成盘结状，形状就产生根本的变化，线条变得丰富多采。将两只相同大小的葫芦结扎成对称形就更困难了，也显得更珍贵。如清代高43.5厘米，腹径15.5厘米结扎葫芦对，就被视为“神物”。

清 结扎对称葫芦

84 妙在制作工艺的综合

葫芦制作工艺是丰富多采的。不仅因为有押花、刀刻、针刻、范制、绳扎、烙画，而且还体现在这些工艺是可以综合应用的，如在押画基础上，适当加以烙画，那么所表现的画面，不仅具有立体感，而且还具有色泽浓淡的变化，画面就因此更具艺术感染力。又如范制葫芦可以产生复杂的画面，严谨的图案，如果在此基础上，加以押花，那么就可以克服范制画面可能产生的一些关键部位不够清晰的弊病，使画面更神彩。

乾隆御题“缠枝莲纹纸槌式瓶状葫芦”，为什么给人如此丰满典雅的感觉，一个重要原因，就是在范制而成的秀美流动的图案的上部，浅刻有阴文隶书乾隆御题的缘故。

制作工艺综合应用最为普遍的是，以范制葫芦的造型，然后施以押花或烙花等。

模押山水葫芦虫具

清 乾隆 御题缠枝莲纹槌式瓶状葫芦

85 蒙心点睛

蒙心，又称蒙子，即镶蒙在口盖框内的透雕盖心。葫芦的口盖一定要是透雕的，否则虫的鸣叫声就无法传出来。将盖子分成框子和蒙心两部分，既便于雕刻，又可因蒙心所取的材料、颜色、质地与框子不同，而增加盖部的装饰性。

蒙心的构造，主要有平、高、立三种类型：平型蒙心，又称平顶式，这是最常见的；高型蒙心，即蒙心隆起凸出，呈馒头状，故又称馒头顶；立体型蒙心，可高出3、4厘米，呈圆笼状。蒙心通常有两层组成，蒙心的内层称“屉”可为铜纱网，也可用雕有简单的细眼（如胡椒眼）的椰子壳取代，屉的作用是防止虫须伸出，同时也防止蒙心被咬损。

蒙心材料，可用椰子壳、黄杨、象牙、玳瑁、玉石、翡翠等。

蒙心的雕刻工艺十分讲究，镂空越多越能显示雕刻工艺精致复杂的程度。平型蒙心的题材一般比较简单，如梅花。立体蒙心就可以雕刻得非常复杂，如“唐三藏取经”、“双龙戏珠”、“八仙过海”等。

蒙心雕刻最能显示机巧的是动蒙心。动蒙心，就是一部分雕刻是可以活动的，如茹柏平雕的“福禄”玳瑁蒙心，其中三只机灵的小鹿，都是活动的，在手中把玩摇动时就能发出沙沙的声响。

此外，蒙心雕刻中还有作镶嵌的，如岁寒三友镶琉璃珠蒙心，即在每组松针中心镶一颗碧色的琉璃珠。

蒙心工艺的好坏，直接影响葫芦具的质量，所以谈到葫芦具时，不得不提到蒙心。蒙心起了点睛的作用。

雕福禄玳瑁蒙心　茹柏平作

岁寒三友镶琉璃珠蒙心

白二雕太狮少狮椰壳蒙心

86 象牙果雕刻

在椭圆的果核中，象牙果是最大的一种。象牙果质厚且细腻坚密，色泽清淡，似象牙，故名。

“张果老”小型摆件，即为象牙果雕。作品宽3.7厘米，高3厘米。

作品中的张果老作坐状。一手拿鱼鼓，一手端酒杯；面向右上仰，胡须飘拂，目视远方，神清安逸；双腿向左弯曲，加上左外侧的衣袖飘起，加强了作品整体向右动势。

茹柏平创作的“张果老”，注意材料的充分利用，结构紧凑，经营机巧，以腹为中心，头、手、足的布局，构成分别向上下左右扩展舒张的形势，聚散有致，作品虽小，气势却不小，不失为象牙果的佳作。

象牙果雕 张果老 茹柏平作

87 核雕

核雕，以桃核、橄榄核、缅茄核、核桃为材料雕刻的工艺美术品。果核虽小，但取材却很广，有人物、走兽、山水及楼台亭阁等。明人魏学洢《核舟记》记载，明代王叔远在一颗核桃上雕刻出了苏东坡赤壁泛舟画面。生动地表现了五个人，八扇窗，并刻了箬蓬、船桨、炉子、水壶、手卷、念珠以及对联、题名等，文字34字。

清代署名谷生的微雕家，也刻有两枚“微雕赤壁夜游核舟”传世，现藏辽宁省博物馆。

核雕为甲午年谷生老人所刻。核长4.35厘米，腹径2.05厘米，刻为《赤壁赋》故事。船首有两人端坐，正饮酒赋诗，案上有酒杯两，菜盘两。一层舱的两边各有四扇可开启的窗户，前窗内有两人扶窗赏月，后窗有一人扶窗，中间有两侍者站立。后舱内也有两人赏月赋诗。二层舱，有窗四扇，两前窗各有两人，手持酒杯，后窗有三人，作对诗状。舱顶有八人，手持酒杯围桌而坐。船尾有两人扶案对饮。三十六人，神态各异。核舟雕栏画椽，舱顶前饰以牡丹，后为梅花。核舟的底部刻有《前赤壁赋》首段文字百廿余字。

另一枚核雕所刻的内容与形式基本相同。作者谷生生卒及生平不详。

清代核雕以乾隆时期最多，除了《赤壁赋》故事之外，还有《西游记》故事及山水、楼阁和人物等。

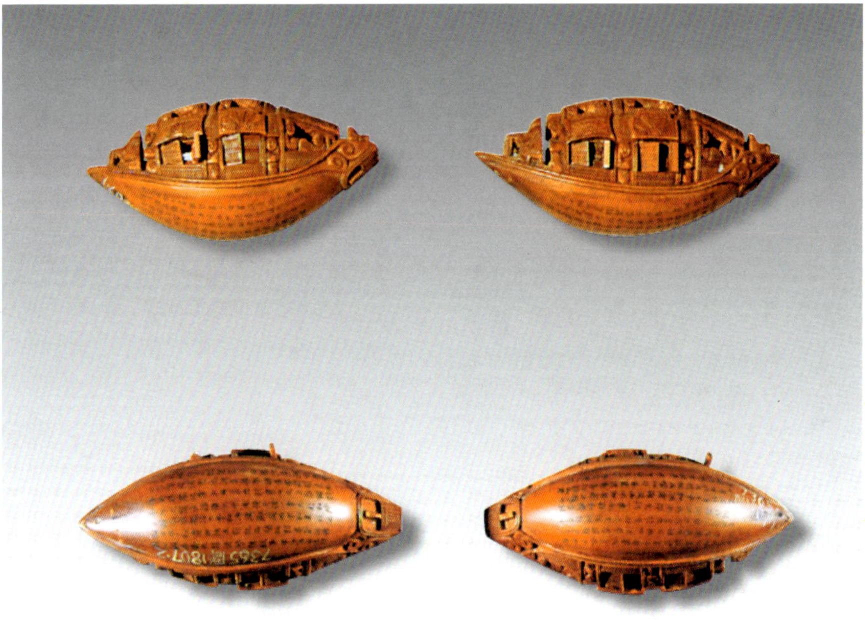

清 微雕 赤壁夜游核舟 谷生款

88 胡桃核雕

胡桃核雕刻，是微雕工艺之一。用作雕刻的胡桃核，宜取壳厚且起伏大的品种，以便雕成的景物有深度。河北怀柔县地区的核桃具有壳质厚，筋胳粗的特点。因怀柔地区与内蒙古相邻，所以这种胡桃也称内蒙古胡桃。

胡桃适宜雕刻细密的人物景像。

“婴戏图”胡桃核雕，作品高仅3.2厘米，宽仅2.7厘米，却刻有36个儿童在园中游戏的生动景象。作品中人物形象细腻生动，五官清晰可辨。材料选用怀柔胡桃。利用胡桃核凸出的筋胳处雕刻人物，凹下处刻树石背景，显藏结合，起伏跌宕，既能突出人物，又能增加景深。

“少林僧侣”胡桃核雕，高3.5厘米，宽3.2 厘米。雕有僧侣、树木、山石和屋宇。综合运用透雕、圆雕和浮雕工艺，刀法圆润，雕刻精细。人物仰俯正侧，错落有致；山石则显现出瘦、透、漏、皱的风姿；树木也刻意精心，轮形的针叶随着苍劲松树与飘逸的杨柳的相呼应，体现了刚柔相间的氛围。

其它核雕，还有广东油榄核雕、缅茄核雕等。

胡桃核雕 婴戏图

胡桃核雕 少林僧侣

89 巧藉天成的根雕

根雕艺术品，又称根艺。根雕，是以天然树根造型为基础，稍加雕刻而成的木雕工艺品。根雕选用的材料主要是树根，同时也取树的枝条和树杆，包括枯枝朽木以及疤瘤。总之，具有一定的色、形、韵的树根、树干、树枝，都可以成为根雕的材料。

根雕的表现力很强，能充分塑造人物、动物、花卉、鱼虫等形象。根雕表现的范围虽然很广，但归纳起来主要是两大类：日用观赏类和陈设观赏类。

（1）日用观赏类，是指既具有日用价值又具有观赏价值的根雕工艺品。最古老的战国时期根雕“辟邪”，便是一件席地而坐的古人藉以靠背的日用品。常见的日用生活观赏类根艺有：根桌、根几、根椅、根床和根杖等；文具用品如笔筒等。

（2）陈设观赏类，是指专门用于观赏的摆件和挂饰。如大型落地人物、动物摆件，根字壁饰。各种大小不同的摆件是根雕最主要的表现形式。

法桐根雕 花几 卢正芳作

根雕 归去兮 赵勤作

90 根雕历史悠久

根雕是我国一种古老的艺术。现存最早的根艺作品是战国时代的“辟邪”和“角形器”。“辟邪”于1982年在湖北荆江江陵县马山一号墓发现，其制作年代是在公元前340年至270年之间。它是一件镇墓兽，虎头龙身，呈仰首行走状态，叉开的四足雕有蛇、雀、蛙、蝉等。几年后，在湖北荆门市十里镇王场村包山二号墓发现了“角形器”，制作年代也在公元前300年左右，以天然形态为主，略加雕刻而成。根材易被腐蚀，根雕的实际历史一定还要久远。

隋唐时期，根雕已趋成熟。据《唐书·李泌传》记载：“泌尝取松枝以隐背，名曰‘养和’，后得如龙形者，因以献帝，四方争效之。”唐代韩愈诗《题木居士》，生动地描绘了一件根雕居士的艺术形象，诗云：“火透波穿不计春，根如头面干如身，偶然题作木居士，便有无穷求福人”，“为神讵比沟中断，遇赏还同爨下余。朽蠹不胜刀锯力，匠人虽巧欲何如”。五代画家阮郜所作《阆苑女仙图卷》中，绘有由天然树根制成的根榻、根凳等。宋代根雕很普及。宋《太平广记·荆根枕》中，讲述了一个叫张弦的商人将马拴在华庙前的金荆树上，马受惊拖倒了金荆树，张弦取下仔细观察，发现金荆树根的形态酷似狮子，于是就请人加工成狮形木枕，并把它送给庙上。相传宋代苏洵还曾用树根做过一件“三峰鼎峙”的盆景。

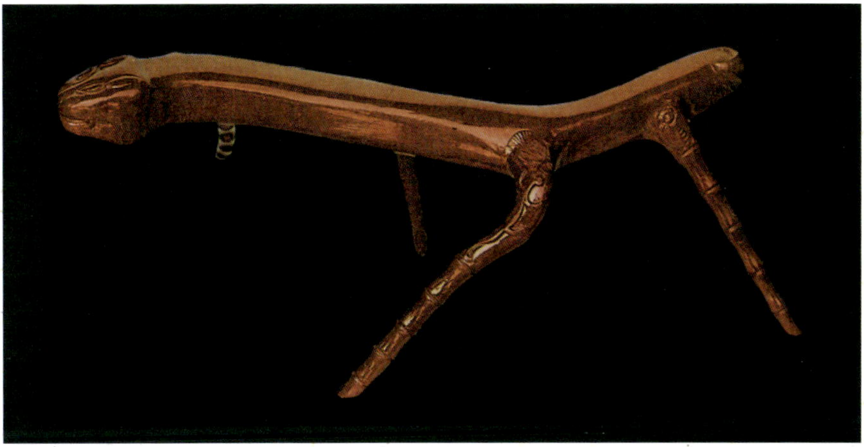

战国时期 根雕 辟邪

91 明清根雕重雕刻

明清根雕，直接受当时雕刻艺术的影响。明清雕刻是日趋辉煌的时代，一方面是文人的参与，如明代发展起来的嘉定竹刻，就是由于文人群体的一代又一代的锲而不舍的努力，使原来本不起眼的竹刻发展成为世人瞩目的瑰宝；另一方面，宫廷的重视，又把原已精妙的雕刻提高到空前未有的高度。

在这种艺术氛围之中，根雕自然不俗。明代根雕铁拐李，将根的表层留作褴褛的衣衫，使人物的性格特征处理得恰倒好处。而人物的头部与手脚还是雕刻得相当完整。

不仅如此，历来在谈论当时的根雕时，总是提及清代封氏根雕世家，并特别提到锡禄与锡璋合作的“王右军换鹅”、“孟襄阳骑驴踏雪”等作品。实际上所谓的封氏根雕都是十分注重雕刻的。明朱鹤款红木根雕“寿星”也体现了这一特点。这也许是与当时注重精雕细刻的艺术氛围有着直接的联系。

以天然的根雕，用于制作日用品比较普遍，也有不少人因此而得名，如兰溪人吴儒子善作根雕茶几。

明代 红木根雕寿星 朱鹤款

明代 根雕 铁拐李

92 天地广阔的现代根雕

现代根雕又有了新的发展，都市生活追求返朴归真的情趣，随着人们生活水平的提高，根雕也作为民间艺术活动开展起来。1985年中国根艺研究会在北京成立，标志着根艺发展进入新的历史阶段，出版了多种有关根雕的书籍和杂志。全国各地根雕家不断举办根艺展，并在国际上举办根雕巡回展。根雕已成为收藏的热点。

目前，各地区的根雕艺术蓬勃发展，并有各自的特点。

如福建根雕，福建是根雕创作最为活跃的省分，其荔子、龙眼根雕富有地方特色，国内外也享有盛誉。其根雕工艺的最大特点是着色。上色工艺讲究，用栀子、红树皮处理，并着仿古漆、生漆，最后涂腊打磨。重视理论探索，形成“奇、妙、古、佳”的品评标准。

又如安徽根雕，根字书法是安徽的首创。由曲折盘绕，粗细兀突的树根，自然勾勒出文字，恰如笔歌墨舞的书法，别具韵味。

吉林根雕，以“松花湖浪木”根艺著称。由于松花江拦江筑坝，修筑电站，致使沿江的杜鹃、金银花、榆、枫、栎、杨等树木聚沉松花湖底。经长期浸蚀冲刷，留下的便是木质的精华，成为形态各异的浪木。浪木稍事雕刻，就成为别具天趣的浪木根雕。

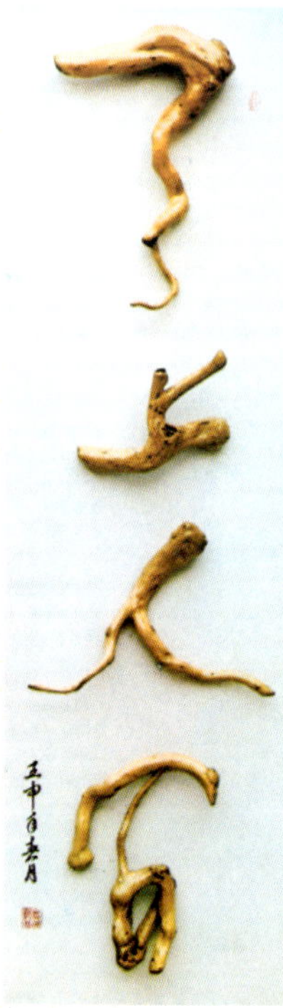

安徽根雕 天上人间 贺振昌作

福建 荔子根雕 蒲团罗汉 林学善作

93 根雕贵在自然

根雕与其他雕刻艺术相比，最大的特点是贵在自然，巧藉天成，即最大限度保留树根特殊的天然美质。一般木雕所取的材料都能比较充分，可完全依照作者设计稿的需要进行充分的加工，同时，整件作品的完成，可全部是雕刻所致。而根雕则不同，根雕作品的完成雕刻是次要的，确认的造型取决于根料的基本形态。于是就产生了“七分自然，三分人工”的根雕创作法则。

根雕花卉“一枝独放”，材料为水杨梅根，取材于福建省，作品高 65 厘米。

作品的奇妙处表现在一支细枝，在繁杂的根瘤堆中穿出，形成强烈的粗细对比，显示出花朵的亭亭玉立。而一切又都是天然的。吴仁甫创作“一枝独放”的成功，贵在体势奇而稳，章法变而贯。这表明作者精通排叠之道，明李淳有论：“堆者，累累重叠，宜重叠处以铺匀”。“积者，总总繁紊，用繁紊中而整”。强调的是堆积一定要注意规范、匀整，这样才能避免紊乱。而这些又都是在自然的组合中实现的。

根雕 一枝独放

94 根雕重在发现

根料，原本是被人废弃的东西。实现变废为宝，化腐朽为神奇的这一质的变化，关键在于人的发现，即善于发现根料原有的潜在艺术形象。有了发现就有了根雕的作品。没有发现，根雕工艺也就无从着手。所以重在发现是根艺又一特点。

实现根艺的这一发现，取决于作者特有的视点，敏锐的目光来自作者的制作经验、艺术修养、生活阅历的综合功底。而并非有了熟练雕刻技艺就一定能创作出好的根艺作品来。

枫树根雕“狗”，原先仅为一个球形的根块，很难决定创作成为什么样的作品。作者吴仁甫联想翩翩，“精骛八极，心游万仞”。最后当发现中间的裂缝很像狗的嘴时，于是，就有了感觉，以此为依据的联想，一只长毛狗的形象就跃现在眼。于是作者仅作眼、鼻等处的雕琢，一件完美的根雕就创作成功了。他创作黄荆根雕“鼠”和马尾松根瘤雕“双狮”，也是经过一段时间的琢磨之后，才发现了这特定的形态。

黄荆根雕 鼠

马尾松根瘤雕 双狮

枫树根雕 狗

95 根雕艺在巧用

根雕强调巧藉天成，就是将雕刻工艺降到次要的地位。“三分人工”，虽然限制了雕刻工艺的发挥，但对这“三分”的人工却提出了更高的要求，即雕刻工艺的运作要起到画龙点睛的巧用，强调的是工不在于多而在于巧。同时，这也是为了使木质原有的特色、形态、肌理得到充分的发挥。工艺的巧施，使其能做到根艺作品无法复制特点。

“鳄鱼”，茶树，取材于江西省，长100厘米，高23厘米。这件吴仁甫制作的根雕所表现的鳄鱼，就根雕工艺而言，已是属于十分逼真的一类。但留意观察一下就能发现，作者运刀却并不很多，仅是在嘴部和四足进行了适当的雕刻，基本造型还是材料的原形。这茶树干不仅姿态与鳄鱼十分相似，而且茶树身上的瘤疙瘩，也与鳄鱼皮相仿佛，更奇妙的是鳄鱼的腹部，凑巧没有一点瘤疙瘩，正可谓惟妙惟肖。一根并不显眼的长满疙瘩的茶树枝，由于相材周密，使材料的特点得到充分的发挥，所以才能取得如此巧藉天成的成功。

同样，紫薇根雕“鼎”、马尾松根雕“金蟾”，也是在天然肌理的基础上稍加雕刻“点睛”取胜。

茶树根 鳄鱼

紫薇根 鼎

96 根雕的肌理美

根雕的肌理一方面表现在不同木质所特有的纹理，另一方面表现在生长过程中受到各种环境影响而形成的特殊纹理。如山椿树质地细腻、光润。马尾松的根瘤，纹理旋曲细密。黄荆根质地坚密细劲，斑剥奇异。山葡萄根，根体大，形态奇，洞空多。根据材料的实际情况，应材设计，巧妙利用，就能获得佳作。

吴仁甫马尾松根雕“异果”，吴月亭黄山松根“瓜瓞绵绵”，初见貌似平淡，细细品味，则其味无穷，感人之处，正是那涌动状的肌理，给人以强韧的张力，在单纯的质地中，蕴含着深邃的意境。

松树根雕 异果

松树根雕　瓜瓞绵绵

97 根雕的形态美

经受创伤和磨难的树木，形成的疙瘩、窟窿、结疤、斑痕不仅展示了肌理美，而且也构成了古怪奇特的、意想不到的、也无法人为制造的形态美。原始根料的自然造型稍经加工之后，便转换为根雕特殊的形态美。

版纳羊蹄甲根雕“凤凰”和“麒麟”（吴仁甫作），所取的材料原是腐朽的树根，然而经清理、裁取后，却呈现出充满勃勃生机的凤凰和麒麟，腐蚀后留下的木质是坚韧的，然而波浪般的肌理所产生的却是柔软的毛质感，这使作品的形态美不仅与凤凰和麒麟的外形相似，而且在质感上也相吻合。这正是作品的得意处。

羊蹄甲根雕 凤凰

羊蹄甲根雕 麒麟

98 根雕的意象美

根雕塑造的形象并不是写实的形象，而是属于似与不似之间的意象。它强调的不是形似而是神似，神情具备了，作品也就能成立。意象美，为观众提供了比较多的想象空间。通过联想往往能获得比作者的创作意图更丰富的东西。形象不取细，意似便已，自然而然，不见起止之迹，自然地揉和渗化，使之浑然一体，而入化境。

苏绪之创作的椿树根雕“醒狮”，是一个完整的根材，基本主体是两个根球，作者将两个连有枝叉的根球处理成吼叫状的雄狮，于是作品形成了一个意象：中国是东方的雄狮，不但自己日益强大，而且正推动了世界的进步。

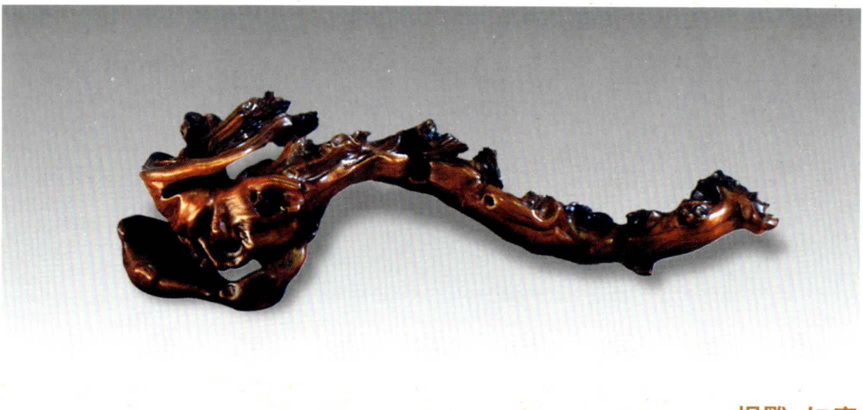

根雕 如意

椿树根雕 醒狮

99 树雕的残缺美

受材料和工艺要求的限制，根雕难以表现完整的人物、动物等形象。所表现的人物，不仅四肢残缺不全，就是头部的五官、身躯的胸背肚腹，也是难以区分，仅只求一个大略而已。

这固然是根雕的局限性，但这也形成了根雕艺术特殊的创作技法。根雕创作重在求其大要而去其繁章，由此而产生富有古朴而怪诞，苍茫而含蓄的气息，给人以返朴归真的感受，从而形成了根雕特殊的残缺美。

吴仁甫“思凡”，高60厘米，材料为岩桑，取材于云南中缅边境。弯颈下垂的头部，是顺曲木的弯势自然构成的，俯瞰人间，感伤天界的孤单，由此思潮翻滚，意欲奔向凡间。作品除了脸部有所刻划之外，其他均任其自然。这件作品里的天仙虽然残缺不全，没有四肢及其他，但观赏者却并没有感到缺了什么，这是因为整个作品的意境已经具备的缘故。

“观音”，取材麻栗。作品高60厘米。观音躯体细长，婀娜多恣，构成作品的主线。躯干上螺旋形的凹迹，是因与其一起生长的藤条盘旋所留下的痕迹。如今处理为观音的身躯，不仅增添了人物的美感，并成为作品成功的基本要素。吴仁甫创作的这两件作品都体现了根雕特殊的残缺美。

岩桑根雕 思凡

麻栗根雕 观音

100 趣味盎然的木抱石

梓木 木抱石 罗汉

木抱石雕刻，是树根雕塑中延伸出的工艺雕刻品。树根生长在泥土脊薄的地方，紧紧地依贴岩石生长，天长日久，随着树根的增粗，就把石块逐步地紧紧地扣住，形成两面、三面，甚至四面、五面将石块包裹起来。树根的延伸性是极其强的，1994年，南京整修太平门侧城墙时，挖出的树根上竟完整地留下了墙砖文字“甲喜金四”等字。取下树根扣石的部分，是理想的雕刻材料。

木抱石无定式，便为雕刻家提供了宽广的想象空间。石块的位置，可上可下，可左可右，人物的动作与石的关系也随意，可依石而坐，可坐于石上，可双手抱石，也可双手举石。吴仁甫创作木抱石“罗汉”、“钟馗”、“弥勒”等都是因材设计，并强调因势利导，人物与石处理妥贴，形势生动。

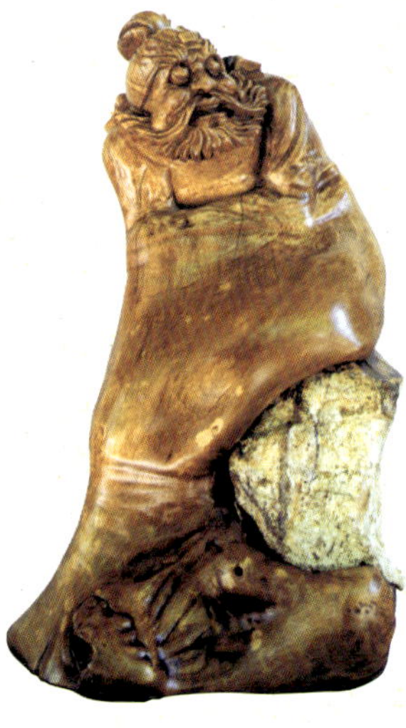
野桑 木抱石 钟馗

黄檀抱石根雕 弥勒

榉木抱石根雕 弥勒

101 根雕选材不拘贵贱

根料取材广，大凡有材质坚硬，形态生动，纹理清丽，色泽净润的树根，都可以取用。

常用的根料主要有：松、柏、香樟、杜鹃、黄荆、紫檀、紫藤、黄杨、雀香、竹、榉、龙眼、榔榆、桦、桐、山葡萄等。根雕创作，并不刻意去追求贵重的木材，所以很少见到用花梨木、酸枝木、紫檀木之类的高档根材。

根料的优劣，一般不受树种的限制，更多的着眼于形态。常觅取生长在形势奇异的环境中树根，如生长在山崖陡壁上、岩石的缝隙间，险恶的地势，树根的生长受阻挡、挤压、踩踏之后，生态发生变化，或蜷曲、或肿胀、或暴裂，使之形成千奇百怪的根雕良材。

根雕用材并不局限于树根，由于虫蛀或损伤等原因，会导致树身和树枝产生疤痕、窟窿和瘤结，从而也能成为理想的根雕料材。此外，枯木朽枝长期浸在水中或埋在地下，经过长期的腐蚀之后，所余下的部分质地都是相当坚硬，有的已经石化，从而也就成为上佳的材料。

剑槐根雕 雄视天下 袁锋作

桐根雕 大熊猫 穆之光作

树根雕 龟 赵亮作

102 狰狞面又可爱的面具

面具是用来遮盖面部的器具。傩面具是傩祭活动时采用的面具。傩，是古代最隆重的祭祀，旨在驱逐疫鬼。傩祭分为国祭、乡祭等。傩祭时跳舞，源于原始巫舞。《论语·乡党》已有“乡人傩”的记载。至汉代，宫廷傩舞规模盛大，有“方相舞”、“十二神舞”等名目。在长期发展过程中，逐步向娱人方面演变，出现了表现劳动生活的民间传说故事的节目。

贵州地区是我国傩面具种类最多的地方。贵州是我国各民族集居的地区，不同的民族流传不同的面具，主要有四种类型：彝族面具、傩堂戏面具、地戏面具和民族面具。

彝族面具。贵州北部彝族聚居的地方流行“撮泰儿”活动时戴的是最为原始的一种傩面具。

傩堂戏面具。傩堂戏流行于贵州的北部，东部和南部。傩堂戏偏重于艺术活动，所以面具制作精细，重视施彩，面具品种也多。

地戏面具。地戏面具流行于贵州安顺地区，因演出的节目多为征战，故又称军傩，武士形象最具特色。

民族面具。流行贵州中部、西部地区的面具有吞口等，虽属于面具，并不用于戴在脸上，而是镇宅的门楣挂饰。

大型面具

吞口面具

彩绘面具壁饰

103 面具已成为感受古朴的装饰

面具是我国传统工艺之一。

用于制作面具的材料是多种多样的，布、纸、木、龟壳乃至笋壳，都被加工成面具。其中，作为现代家庭的陈设和收藏，更多的是选取木制面具。丁香木、白杨木、杨柳木等等，用什么料并没有多大的讲究，一般都是选取当地生长的木材。

面具有单一色和彩绘两种。单一色的木雕面具常制成古铜色，方法是将制成的的面具用烟熏火烘或涂锅底灰。如今的简单的方法是先用墨汁涂了以后，再用棕色皮鞋油揩擦而成。彩绘的面具，用色鲜艳强烈，或是黑底上用粗犷的白粉线条勾勒，或是大红大绿的块面涂刷，以求醒目的视觉效果。

制作面具的作者，并非专业的艺术家。作为民间艺术，特别是这类乡土文化的艺术，作品都出自农民田耕之余的创作，他们并没有经过专业的培训，依靠世袭相传，所以同地区、同一个面具人物，各村各户所出的作品也有很大的差异。制作工序简捷，先将木柱劈为两半，劈凿出大体面形，然后按比例凿出眼、鼻、嘴。尽管各地造型各异，但粗放拙朴，不经细琢的手法，总能给人以强烈的、返朴归真的艺术感受。

随着旅游业的发展，现代面具的制作已趋小型化和装饰化，昔日傩祭活动中的面具已逐步淡化。如在一尺左右的木条上重叠排刻有5－6个面具；也有的一个面具高宽仅3－5厘米；勺形面具，随着口部的夸张，下嘴部已成为环形。由于这类面具既保留了原始面具的造型特点，又便于携带和宜作室内装饰，所以凡到贵州的中外收藏者，总爱买几件。

当然，大型的木雕面具也是特定装潢中的重要艺术点缀。

微形面具

勺形雕刻面具

条形叠雕面具

勺形雕刻面具

后记

人类是从森林中走出来的，自然与竹木有着特殊的情缘。由于制作工艺的提高和人们的审美心理的需要，日用的竹木制品就演化分解为日用品、日用工艺品和单纯的欣赏品等三类，后两者是收藏的主要对象。同时，相当一部分日用竹木制品随着岁月的流逝，也逐步显示出它的收藏价值。

本人曾有近20年的木雕生涯，近年来又从事工艺美术杂志的编辑工作，所以，对竹木工艺制品自然多了一份感情。竹木，是收藏的一个大类。竹木工艺品具有历史悠久、材料广泛、品种繁多、技艺精湛等特点，这里涉及到的仅仅是一小部分。希望通过倡导竹木收藏，有更多的人喜爱、关心竹木工艺品，为传统工艺的保护和发展，发挥一点力量。

本书编著过程中得到了工艺美术界、收藏界同行的支持，深表感谢。

图书在版编目(CIP)数据

收藏指南：竹木雕刻／汤兆基著．－上海：学林出版社，
1999.10（2005 重印）
（收藏指南丛书）
ISBN 7-80616-794-3

Ⅰ.收…　Ⅱ.汤…　Ⅲ. ①竹刻－收藏－基本知识
②木雕－收藏－基本知识　Ⅳ. G894

中国版本图书馆 CIP 数据核字（2005）第 137293 号

收藏指南

——竹木雕刻

上海非凡文化艺术有限公司编

作　　者——汤兆基
特约编辑——丁　定
责任编辑——宋一鸣
装帧设计——刘玮林
电脑制作——黄　虹　蔡　岚

出　　版——上海世纪出版集团
学林出版社
地址：上海钦州南路 81 号 3 楼
电话：64515005　传真：64515005
发　　行——新华书店上海发行所
学林图书发行部（上海钦州南路 81 号 1 楼）
电话：64515012　传真：64844088
印　　刷——上海腾飞照相制版印刷有限公司
印　　张——7
开　　本——889 × 1194 1/32
版　　次——1999 年 10 月第 1 版第 1 次印刷
印　　次——2005 年 12 月第 2 次印刷
印　　数——5001-7000
书　　号——ISBN 7-80616-794-3/J.51
定　　价——98.00 元